新时代城市社区
社会组织管理优化研究

张杨陈冰◎著

中国商务出版社

·北京·

图书在版编目（CIP）数据

新时代城市社区社会组织管理优化研究 / 张杨陈冰
著 . -- 北京：中国商务出版社，2024.11. --ISBN
978-7-5103-5457-1

Ⅰ. D669.3

中国国家版本馆 CIP 数据核字第 20249PX619 号

新时代城市社区社会组织管理优化研究

XINSHIDAI CHENGSHI SHEQU SHEHUI ZUZHI GUANLI YOUHUA YANJIU

张杨陈冰　著

出版发行：中国商务出版社有限公司

地　　址：北京市东城区安定门外大街东后巷 28 号　　邮编：100710

网　　址：http://www.cctpress.com

联系电话：010—64515150（发行部）　010—64212247（总编室）
　　　　　010—64515164（事业部）　010—64248236（印制部）

责任编辑：杨　晨

排　　版：北京盛世达儒文化传媒有限公司

印　　刷：宝蕾元仁浩（天津）印刷有限公司

开　　本：710 毫米 ×1000 毫米　　1/16

印　　张：9.25　　　　　　　　字　　数：142 千字

版　　次：2024 年 11 月第 1 版　　印　　次：2024 年 11 月第 1 次印刷

书　　号：ISBN 978-7-5103-5457-1

定　　价：79.00 元

序 言

习近平总书记指出，基层社区事务很多很繁杂，单靠政府是干不了、也干不好的，必须充分发挥社会各方面作用，激发全社会活力。群众的事同群众多商量，大家的事人人参与。要完善党建引领基层自治共治格局，引导驻区单位、社会组织、群团组织等各类社会力量参与社区治理。近年来，社区治理展现出百姓"点菜"，社会组织或企业"做菜"，政府"买单"的新局面。在政府主导下，实行"放、管、服"，政府不必亲力亲为，而是通过社会力量提供公共服务和公共产品，政府采取购买服务的方式，发挥政府的主导作用。

作为社会治理体系的重要组成部分，社区社会组织是党领导的基层治理力量在新的历史条件下推动社会和谐与公共服务创新的重要载体。在现代社会治理体系中，社区社会组织作为党领导下的基层治理力量，扮演着不可或缺的角色。这种角色不仅反映了社区社会组织在促进社会和谐、公共服务创新以及提升社会治理能力方面的重要作用，还揭示了其作为国家治理体系和治理能力现代化的重要组成部分的深刻意义。

社区社会组织作为社会治理体系的重要组成部分，直接面对广大居民，是党和政府联系群众的桥梁和纽带。在新的历史条件下，随着社会结构的复杂化和利益多元化，单一的行政管理模式已难以有效应对复杂多变的社会问题。社区社会组织通过其广泛的社会联系和灵活的工作方式，能够在社会治理中发挥独特作用，它们能够深入基层，了解居民的真实需求，并及时反馈至上级部门，促进政府决策的科学化和精准化。同时，社区社会组织在解决社区矛盾、调解居民纠纷以及推进基层民主建设等方面也具有不可替代的作用，为推动社会和谐奠定了坚实的基础。传统的公共服务供给模式，往往以政府主导为核心，缺乏足够的灵活性和适应性，难以满足日益多样化的社会需求。社区社会组织作为非政府组织，具有较强的灵活性和适应性，能够更迅速地响应社区居民的具体需求。它们可以因地制宜地提供各种专业化、个性化的服务，弥补政府在公共服务方面的不足。更为重要的是，社区社会组织还可以通过多元化的资源整合，动员社会各界的力量参与到社区建设中来，形成公共服务供给的合力，从而更好地实现社会资源的配置优化和利用效率的提升。

现代化的治理要求各级政府和社会主体共同参与，形成共建共治共享的社会治理格局。在这一过程中，社区社会组织通过广泛参与基层治理实践，不仅提升了自身的管理能力和服务水平，也在客观上推进了基层治理的现代化进程。社区社会组织通过协助政府开展社区服务、动员居民参与社区管理和决策，不仅提升了居民的自我管理能力和自治意识，还增强了社会治理的包容性和可持续性。社区社会组织在新的历史条件下，肩负着推动社会价值重构的重要使命。在多元价值观并存的社会环境中，社区社会组织能够通过文化活动、教育培训、公益项目等方式，传播主流价值观，促进社会价值的共识化，提升社会成员的社会责任感和共同体意识。这对于巩固党和政府的执政基础、构建和谐社会具有重要的意义。

本书作为系统解析新时代城市社区社会组织管理优化的学术著作，具有以下三个特点。

首先，本书针对相关事例进行了理论与实践相结合的深度剖析。通过对国内外社区社会组织的发展历程和理论基础的全面研究，提供了一个涵盖宏观和微观层面的系统理论框架。在这一过程中，本书不仅着重探讨了社区社会组织的基本定义、历史演进、核心功能和价值取向，还深入分析了其在现代社会治理结构中的角色定位和运作机制。通过对社区社会组织如何在不同历史背景和社会环境中发展和演变的系统回顾，本书揭示了其从萌芽、形成到成熟阶段的关键节点和驱动力，为读者提供了深刻的历史认知和理论铺垫。本书的理论构建基于多学科的视角，综合了多个领域的理论成果，探讨了社区社会组织在社会结构变迁中的独特功能和重要性。这种多学科的理论整合不仅增加了本书的学术厚度，也使得读者能够从多个维度去理解社区社会组织的复杂性和多样性。在此基础上，本书进一步对国内外社区社会组织的比较研究提出了独特的见解，特别是在文化背景、政治环境、法律制度和经济发展水平各异的情况下，对如何因地制宜地发展和运作社区社会组织提出了对策。这样的比较分析不仅有助于读者加深对本土社区社会组织发展特点的理解，也为探索适合本国国情的社区治理路径提供了借鉴。通过对具体案例的深入剖析，展示了社区社会组织在不同情境和环境中的具体实践和操作方式，并详细分析了某些社区在面对突发公共事件时，如何通过社会组织的协同作用来快速响应、调配资源和解决问题。这种案例分析既丰富了理论的具体应用场景，也为实际操作提供了参考和借鉴。

在具体操作层面，本书还特别关注了社区社会组织在日常运行中的管理机制和治理模式，包括组织架构设计、财务管理、志愿者动员、项目运作等核心环节。通过对这些关键要素的分析和讨论，本书进一步揭示了社区社会组织在日常管理中的挑战及其应对策略，包括如何在资源有限的情况下实现高效的服务供给，如何建立透明和可持续的资金管理机制，以及如何通过有效的社区参与机制来提升组织的影响力和公信力。这些实用的操作指南和策略分析，为社区社会组织的实践者提供了有价值的工具和参考。面对日益复杂的社会环境和多元化的社会需求，社区社会组织如何通过技术创新、合作共建、跨部门合作等方式，探索新的服务模式和治理方式，成为本书的重要讨论内容之一。这种理论与实践相结合的深度剖析，使读者不仅能够从理论上理解社区社会组织的发展逻辑和运行机制，还能够在实际操作中找到有针对性的解决方案，为推动社区社会组织在社会治理中的有效参与提供坚实的理论和实践基础。

其次，本书体现了学科视角的综合性研究。通过整合多领域的研究成果，从多重角度深刻剖析社区社会组织的发展及其在当代社会中的角色和功能。社区社会组织作为现代社会治理体系的重要组成部分，其发展不仅受到社会、经济、政治等多种因素的影响，还在快速变化的社会环境中展现出复杂性与多样性。因此，本书力图通过多维度的论述来揭示其内在逻辑和演变过程。本书在分析社区社会组织的过程中，注重从整体结构到具体运行机制的全面审视。社区社会组织不仅是资源和力量的聚合体，还在社会系统中起着连接、协调、整合的作用。通过综合考察这些组织如何在各类社区中发挥其独特功能，本书阐述了它们如何通过多样化的组织形式和灵活的运作模式，在不同社会环境中应对多元化的需求与挑战。无论是城市还是农村，社区社会组织在推动社会发展与进步方面都扮演着重要角色。其通过积极的介入和干预，弥补了政府公共服务的不足，推进了社区自我治理和公共事务的民主化进程。随着全球化、城市化进程的加快以及社会经济结构的深刻变化，社区社会组织面临着诸多新的挑战和机遇。本书阐释了这些组织如何通过自我调整和创新，寻找新的发展路径和合作模式，以应对社会需求的快速变化和多样化趋势。这种灵活性和适应性使得社区社会组织能够在复杂的社会环境中持续发挥作用，从而在应对突发事件、解决社区矛盾、提升居民福祉等方面展现出独特的价值和功能。本书深入探讨了社区社会组织如何通过整合社会资源、增强社区凝聚力，推动社会共同体的建设。在当今社会，社区的概念已不在局限于地理意义上的邻里关系，而更多体现为一种基于共同利益和认同的社会团体。社区社会组织在此过程中扮演了资源协调者、价值倡导者和利益代表者的角色。它们通过组织各种形式的社会活动，促进社区成员之间的互动与合作，形成一种共享资源和共同价值观的社会文化。本书详细分析了这种资源整合和文化培育过程如何增强社区的内在凝聚力，并使其在面对外部挑战时更具弹性和抗压能力。

最后，本书具备前瞻性与实践导向的指导性。在全面分析社区社会组织发展现状和挑战的基础上，本书不仅着眼于现有问题的解决，还面向未来，为社区社会组织的持续发展提出了具有建设性的意见和建议。深入探讨了未来的发展趋势和可能的政策导向，为政策制定者、研究者和实践者提供了有价值的参考。本书系统地梳理了社区社会组织在当前社会环境下所面临的多重挑战，如资源匮乏、管理不善等，同时分析了这些挑战的成因及其对组织发展的深远影响。在此基础上，本书进一步提出了一系列应对策略和改进建议，力求为社区社会组织的发展提供更加清晰的方向。强调了多渠道筹资和多元化资源配置的必要性，建议通过建立合作机制和创新融资模式，提升社区社会组织的资金稳定性和运作效率。此外，本书对未来的发展趋势作出了前瞻性的预测和分析，尤其是在社会转型、技术进步和政策环境变化的背景下，社区社会组织的发展可能面临的新机遇和新挑战。深入探讨了数字化和信息化进程对社区社会组织的影响，建议这些组织利用数字技术提升工作效率和信息透明度，增强与社区成员互动和沟通的能力。同时，本书为政策制定者提供了具有前瞻性的建议，包括对如何通过政策创新来支持和促进社区社会组织的发展提出了具体建议，包括如何通过政策激励机制增强其社会服务能力，以及如何在政策层面上保障其可持续发展等。这些建议旨在为政策制定者提供更加科学和务实的决策依据，促进政策的有效落地和实施。通过对社区社会组织发展过程中的典型问题和趋势的分析，为研究者提供了丰富的素材和深刻的洞见，启发他们从新的角度探索和研究社区社会组织的运作模式和发展策略。本书为实践者提供了应对未来挑战的思路，帮助其在实际工作中更好地适应变化、创新管理方式、提高组织效能。

　　本书旨在推动社区社会组织领域的理论创新与实践探索，进一步丰富和拓展社区治理的学术研究与应用实践。一方面，本书的出版将为相关领域的学者提供新的研究视角和理论框架，促进学术界对社区社会组织发展的深入探讨和跨学科交流；另一方面，本书期望为政策制定者、社会工作者以及社区管理者提供实践指南和参考方案，助力社区治理模式的创新与优化，加强和提升社区社会组织在社会治理体系中的作用和影响力。同时，本书希望能够激发更多社会力量的关注和参与，推动多元主体共同参与社会治理的格局构建，为建设更具活力、更具包容性的社会生态贡献力量。

前　言

　　随着我国社区治理体系建设的深入推进，社区社会组织作为基层社会治理的重要力量，逐渐展现出其在促进社区发展、提升居民参与度和满足多元化社区需求方面的潜力。然而，社区社会组织也暴露出了一系列制约其成长的问题，如服务能力不足、专业性不强、管理模式单一等。这些问题不仅影响了社区社会组织的服务效果，也在一定程度上限制了其在社区治理中的作用发挥。为破解这些发展难题，南京市莫愁湖街道引入了枢纽型社会组织，并成立了社区社会组织联合会（以下简称"社联会"），旨在通过系统化、规范化的管理体制改革，优化社区社会组织的运作机制，推动社区社会组织朝着专业化、多元化的方向发展。

　　本书基于网络化治理的理论视角，采用个案研究的方法，对南京市莫愁湖街道的社区社会组织管理机制进行深入探讨。网络化治理强调在复杂社会环境下多元主体之间的合作与互动，通过多方协作实现共同治理目标。这一理论为社区社会组织的管理机制优化提供了重要的理论框架支持。首先，本书通过对相关文献的梳理，分析了南京市莫愁湖街道在传统政府主导的社区社会组织管理模式下所存在的局限性。当前，该街道的社区社会组织主要依赖政府的单一管理，缺乏灵活性与创新性，使得社区服务供给无法精准匹配社区实际需求，进一步加剧了组织发展与社区需求之间的矛盾。这种单一主体管理模式在复杂多变的社区环境中显得力不从心，亟须引入多元合作的治理机制。

在此背景下，社联会的成立成为突破传统管理模式、构建多元主体参与治理格局的重要尝试。社联会作为一个枢纽型平台，通过将政府、社区、社会组织以及其他社会力量有机联结，形成了多方互动的治理网络，推动了社区社会组织管理模式的转型。本书进一步探讨了社联会在社区社会组织管理机制中的作用，具体分析了其在提升社区社会组织自主性、增强社区服务供给能力、促进社会力量有效参与社区治理等方面的成效。研究发现，社联会通过构建系统化的支持平台，整合多方资源，实现了社区社会组织管理主体的多元化与专业化发展，打破了过去政府单一主体管理的局限性，推动了社区治理朝着更高效、更具适应性的方向迈进。

基于对南京市莫愁湖街道的案例研究，本书最后提出了优化社区社会组织管理机制的若干建议：在党性层面，需加强党建引领；在政府层面，需加强政策支持与法律保障，为社区社会组织的发展创造良好的制度环境；在社区社会组织层面，需强化自身能力建设，提升服务专业化水平；在社联会层面，需进一步发挥其枢纽作用，促进资源共享与协作创新，构建更加高效和可持续的社区治理体系。

目 录

第一章

绪 论

第一节 研究背景

社区社会组织在基层治理中越来越受到国家重视。国家加强社区治理体系建设，推动社会治理重心向基层下移，发挥社区社会组织作用，实现政府治理和社会调节、居民自治的良性互动，并将此作为打造共建共治共享社会治理格局的重要内容。但在探索城市社区社会组织管理经验的过程中，传统的管理方法弊端日益显现。其主要体现在四个方面：一是缺乏规范的管理章程以及完善的管理结构；二是经济支持力度小；三是缺少管理的法律法规；四是社区社会组织的独立性和自主性在双重管理体制下得不到发挥。

夏建中等人在目前城市社区社会组织发展状况的基础上，调查了北京、济南、昆明等城市的社区社会组织。结果显示，公益类和维权类社区社会组织最少，其次是服务类社区社会组织，数量较多的为文体类和教育培训类社区社会组织。这些社区社会组织经济来源比较单一，大部分依靠政府的支持。社区社会组织在地域发展上也不尽相同。南京市民政局出台《关于支持街道试点成立社区社会组织联合会深化三社联动机制建设的实施意见》，明确要进一步大力培育发展社区社会组织，使其成为加强社区治理体系建设，推动社会治理重心向基层下移，打造共建共治共享社会治理格局的重要载体。莫愁湖街道为了打破传统社区社会组织管理方式的壁垒，创新街道社区治理格局，采取"政府购买，社会支持，群众受益"的模式，通过引进枢纽型社会组织，建立社区社会组织联合会，面向全街道社区社会组织开展系统培训和管理支持，希望借此探索出一套行之有效的城市社区社会组织管理经验并在南京市各街道进行推广。

第二节　研究意义

在社区治理实践不断深化的过程中，社区社会组织的重要性越发凸显。然而，如何更好地优化这些组织的管理机制，以充分发挥其在社会治理中的作用，仍是当前理论和实践界需要解决的关键问题。本书通过对南京市莫愁湖街道的个案分析，试图从理论和现实两个层面探讨社区社会组织管理机制优化的意义。

一、理论意义

本书基于网络化治理视角，对我国城市社区社会组织管理机制的探讨，具有重要的理论意义。首先，本书有助于从理论层面厘清政府、社区、社联会以及社区社会组织之间的互动关系及其在现代社区治理中的角色与功能。这一研究弥补了现有理论在如何实现多元主体协同治理方面的不足，扩展了网络化治理的理论应用场景。随着我国城市社区社会组织管理机制的不断转变，本书通过倡导多元参与、协作治理的理论框架，为城市社区社会组织的发展和城市社区治理模式的创新提供了新的理论支撑。

其次，本书丰富了社区治理领域的理论框架，深入探讨了城市社区社会组织如何通过参与社区治理，影响社区服务的供给方式、运行模式和文化建设。在网络化治理理论的基础上，进一步揭示了城市社区社会组织作为重要主体，在促进社区民主协商和民主参与中的独特作用。通过本书，人们可以更深入地理解多元主体如何通过协同机制，推进社区治理的民主化进程，促进社区内部规范化建设，并增强和促进社区的凝聚力和社会资本积累。这种理论视角的扩展和深化，有助于提升人们对社区治理复杂性的认识，为未来社区治理理论研究提供了新的视角和方向。

最后，本书拓展了网络化治理理论在社区社会组织管理机制优化中的应用。研究表明，随着城市社区社会组织管理机制的不断优化和多元参与模式的引入，城市社区社会组织在社区治理中的地位和作用得到了进一步的确认和发展。通过探讨社联会等枢纽型组织的功能及其与政府、社区之间的协同作用，本书提供了一个新的理论模型，解释了多主体合作如何在具体治理情境中得以实现和有效运作。这不仅深化了对网络化治理理论的理解，还为该理论在其他类似领域的应用提供了理论依据。

二、现实意义

目前，我国社区社会组织正处于快速发展与转型的关键阶段，面临着多重挑战，如资源有限、专业化水平不足、管理模式相对滞后等问题。在此背景下，建立街道社区社会组织联合会成为培育和壮大社区社会组织的关键环节，同时也是创新基层治理模式和推动社会组织改革的一项重要实践探索。成立街道社区社会组织联合会，可以有效促进社区社会组织的规范化、专业化和可持续发展，为实现更广泛的社区治理目标提供坚实支撑。

首先，街道社区社会组织联合会的成立，有助于进一步培育和发展城市社区社会组织，使其在社会治理体系中发挥更加重要的作用。在当前社会治理重心逐步向基层下移的趋势下，社区社会组织作为连接政府与社区居民的重要桥梁和纽带，其作用越发不可替代。社联会可以更好地整合社区内外资源，加强各类社区社会组织之间的协作与互动，从而形成合力，提升和扩大社区服务的整体质量和覆盖面。社联会还可以通过培训、交流和能力建设活动，提高社区社会组织的服务能力和管理水平，推动其在社区治理中的积极参与与深度融合。

其次，社联会作为创新基层社区治理的载体，为推动社区治理模式的多元化和开放性提供了新的路径。成立社联会，可以打破传统的单一主体管理模式，引入多元化的治理主体，推动形成共建、共治、共享的社会治理格局。在社联会的支持下，社区社会组织可以更积极地参与到社区事务的决策与治理过程中，有效提高社区居民的参与度和满意度，增强社区内部的凝聚力和归属感。同时，社联会还可以推动社区内各类社会组织与政府部门、企业、公益机构等的合作，促进资源共享和优势互补，提升社区治理的整体效能。

再次，社联会的建立和发展，有助于在基层社区中进一步深化"三社联动"机制。政府部门、社区社会组织和社会工作者之间通过有机互动和联动合作，可以更好地整合各方资源与力量，实现多主体协同治理的目标。社联会作为"三社联动"的核心枢纽，通过提供政策支持、资源配置和平台搭建等多种方式，有效地调动各类社区社会组织的积极性，推动其在党建引领、社会服务、居民自治等方面发挥更大作用。这不仅可以提高社区治理的科学化、精细化水平，还能促进社区社会组织的健康有序发展。

最后，社联会的成立为基层社区治理的实践提供了重要的创新经验和模式探索。通过社联会的运作，人们可以总结和积累社区社会组织管理和发展的成功经验，形成可复制、可推广的实践模式，为其他城市和地区提供有益的借鉴。在推动社区社会组织自我管理、自我服务、自我发展的过程中，社联会的引导作用不可忽视，它在一定程度上弥补了政府在社区服务供给和组织管理中的不足，提升了社区治理的整体水平和治理效能。

第三节　研究综述

在探讨城市社区社会组织管理机制优化的理论和实践路径时，必须首先梳理和分析已有的研究成果，以更好地了解这一领域的学术脉络和研究现状。国内外学者在社区治理、社会组织管理、多元主体协同治理等方面进行了大量研究，这些研究为本书的理论基础和研究方向提供了重要的参考和借鉴。因此，本书将从国外和国内两个方面对相关文献进行综述，以全面呈现当前研究的进展和存在的不足，为本书提供更为扎实的学术支撑。

一、国外相关文献综述

（一）国外社区社会组织发展研究

国外社区组织的迅速发展得益于第二次世界大战后兴起的公民权运动，是社会自我发展、自我服务和自我治理的制度建设成果。发展机制主要分为三个方面：一是市场与国家之外的理想选择；二是承接政府服务外包；三是路径依赖及超越依赖。社区组织提倡的以平等合作身份，通过对话改善社区生活的原则获得社会多数成员的认可。在各种社区发展计划中，社区组织能够激发社区居民的热情，帮助募集资金，并推动社会变迁。它能够充分动员社区的物质、人力、社会、资金、环境、政治、文化资本，用于提升居民改善生活的能力。在一些发达国家，由于国家想解决直接供应公共服务所带来的效率低下的问题，从 20 世纪 80 年代开始，政府和社区组织签订合同，由后者向居民直接提供基本公共服务，社区组织成为发展领域中政府与非政府行动者之间的重要桥梁。阿巴拉契亚山脉周边贫穷社区里的社会组织提出社区行动计划，利用社区资源改善社区的贫困现状，虽然这项计划经费不多，但影响面很广。美国通过社区组织预防艾滋病的传染，在社区层面开展有组织的、服务导向的治疗与预防工作，并试图以此改变社区居民的行为。在日本，由于政府的积极推动，许多社区在 1995 年神户大地震后建立了灾害预防志愿组织 (VDPO)，以应对各类频发的自然灾害。许多居民通过加入灾害预防志愿组织，既提高了防灾意识，也增进了交往和情感。虽然西方的社区组织在运作过程中有很强的独立性，但作为一种社会组织，不免受到各种因素的影响。社区组织经常需要依赖各种超越社区层面的资源，一定程度上造成社区发展项目的路径依赖。地方性的社区组织因为地域条件限制，需要依赖更大范围的社区组织的支持。

（二）国外社区组织发展存在的问题

国外社区组织在调和市场侵蚀和代表政府向居民提供公共服务方面具有独特

的优势，并因此获得了多方认可。然而，作为一种特定的社会组织形式，国外社区组织在发展过程中也暴露出了一些问题。

首先，社区组织成员主观性的影响。虽然社区组织能够专业地呈现社区居民的需求，并提供有效干预，但是社区组织也可能左右居民需求的表达。就社区组织本身而言，组织内部成员的态度也会对组织目标产生影响。研究发现，社区组织的领导者和管理者对事物的态度，明显影响到了社区服务的效果。其次，社区组织可能成为个人牟利的工具。参与社区的志愿组织除了能够为集体创造利益外，也能给自己带来实惠。社区组织的成员在提供公共服务的过程中，也可以实现个人才干提升，增加个人效能。更有甚者，有些社区组织所提倡的参与，没有改善社区普通居民的地位，却提高了社区传统精英的地位。最后，管理与服务的质量有待提高。研究指出，当社区人口扩大时，因为服务对象的增加，社区组织的规模也会相应扩张；当社区人口减少，服务对象也相应减少时，社区组织的规模往往不会因此相应减少。尽管国外社区组织能获取资源，但其对公共服务供给的策略掌握以及过程管理的水平参差不齐。政府由于没有充分考虑到社区组织之间的能力差异，出现有些社区组织在与政府签订合同后根本无法向当地居民提供公共服务，有些甚至无法有效管理正在进行的服务项目。加上社区发展专业人才的不足，一些社区组织面临服务专业化和职业化的压力。

（三）国外社区组织管理研究

通过对文献的梳理发现国外对社区组织的管理包括三个方面。

第一，社区组织管理健全，权限职责清晰。美国城市宪章中，对各种社区组织机构的组成及权限都做了明确规定，并且具有法律保证，同时设立社区服务顾问团，其由各专业职能部门的代表、社区委员会主席以及市议会中本社区的代表组成。社区服务顾问团是政府和市民进行联系的桥梁和纽带，在社区中发挥着重要的作用，各个社区组织各司其职，维护社区组织发展的良好秩序。澳大利亚、新西兰的城市通过政府设立专门机构、社区委员会和加强自治性的社区服务组织进行社区组织管理。一些其他地区国家，其社区组织管理体系有别于西方发达国家。以以色列为例，以色列社区中心协会是全国性的社区组织。以色列社区中心协会对全国各地的社区组织负有指导、协调、培训、监督的职能。以色列社区中心协会是一个独立主体，相当于一个责任有限行会或非营利机构。几个相邻社区组成不同区域，每个区域设一名区域主管，指导各社区组织的工作，并同地方当局和各种组织保持密切联系，以便为社区工作创造良好的条件。

第二，重视社区组织在社区发展中的重要作用。实施社区发展计划的各国，社区发展的各项服务性工作一般是由社区组织具体操作实施的。以美国为例，其社区组织结构大体分为两个层次：直接从事公共福利工作的服务机构和专门以资金支持服务机构的赠款机构。两个机构互为市场，相互促进。美国的社区组织实际上是一种群众为实现自己的目标而形成的自我组织。因此，社区组织在美国公众心目中的形象很好。遇到社会中出现的问题，群众不是找市长，而是找社区组织。

第三，重视社区志愿者在社区组织管理中的作用。社区志愿者通过自己的能力实现和体现对社区事业的服务与奉献，实施和完成对有困难的社区群体及个人的服务与保障。社区志愿者组织的基本特征包括：组织形式多样，服务方式灵活。社区志愿者主要分为两大类：一类来自社会工作者群体、社区中心、社区委员会、学校、住户群体等，其所提供的服务项目广泛，既包括各种文化娱乐服务活动、各种义务教育活动，也包括居民所需的各种生活服务，甚至是就业服务。另一类来自各种专业机构，其服务范围几乎涉及社会的方方面面。1952 年，联合国正式成立了"社区组织与社区发展小组"（1954 年改为社会局社会发展组），其具体负责推动全球特别是落后地区的社会发展运动。由于社区发展立足于人们的生活区域，直接针对特定社区的需要和问题而谋求解决之方和发展之道，有助于社会发展的总体目标通过社区自身的具体行动来实现。经过多年的实践，世界社区发展已由农村扩展到城市，由发达国家扩展到发展中国家，并取得了明显的成效。时至今日，全球已有多个国家执行全国性的社区发展计划，其社区组织管理方式也日益得到普遍重视。

二、国内相关文献综述

（一）国内社区社会组织发展研究

根据文献资料，可以用三个阶段概括我国城市社区社会组织的发展。

阶段一：20 世纪 50 年代中期至 20 世纪 80 年代。我国城市社区社会组织的萌芽发展阶段在 20 世纪 80 年代基本结束。

阶段二：20 世纪 90 年代至 20 世纪末。国家在政治、经济上因改革开放取得不俗的成绩，改善了人民的生活质量，城市建设的速度也在加快，城市社区社会组织，得到快速发展。

阶段三：21 世纪以来。在前面两个阶段的基础上，城市社区社会组织得到官方的规范管理，呈现快速发展的局面。官方的规范管理为社区社会组织管理法律建设和体系建设提供了保障，对城市社区社会组织成立、变更、注销或者监督以及各项工作事项都进行了清晰的定义，同时也对它们作了相关的说明。

已有的研究意识到社区社会组织是城市社区治理的关键参与者之一，重点从两个维度阐述了社区社会组织发展。

第一个维度：社区社会组织成长的内源性动力需要充分发掘。比如，提高各个社区社会组织之间的协同合作能力、提高各个社区社会组织专业服务能力，以及加快内部管理模式的更新。

第二个维度：社区社会组织发展的外源性动力需要充分利用，尤其是注重制度、法律、体制和财政等宏观层面的作用。

通过梳理中国社区社会组织的发展历程，我们可以发现，社区社会组织逐渐成长起来的原因是政府对社区管理的放权和还权，出现一定程度上的权力真空，所以中国社区社会组织具有高度的外部依存性也情有可原。基层政府尽管不对社区社会组织实施最为直接的业务管理，但是非常重视建构社区社会组织生存空间。在社区建设指导中，我们仍然会看到政府权力的影子，其权力的制度化退出并未体现在社区社会组织管理的实践中，社区社会组织管理还是存在一定程度上的行政色彩。今后我国社区社会组织的发展轨迹将会是越来越注重社区社会组织的培育与发展，社区社会组织的主体性功能要在社区公共服务层面得到体现，社区社会组织也将成为社区服务体系的重要组成部分。

（二）国内城市社区社会组织发展存在的问题

当前，我国城市社区社会组织不管是自身还是在多元互动的社区治理中都得到了发展，并且发挥着重要作用。但是这些社区社会组织还是摆脱不了初期发展阶段的弊端：数量大、质量低、注重形式，在行使权利与履行义务上还有很长一段路要走。结合现状，我国的社区社会组织的发展主要面临三个层面的困境。

第一层面的困境是社区社会组织的合法性令人担忧。社区社会组织准入门槛高和缺少监管制度是合法性困境的主要体现。杨继龙对社区社会组织的监管感到担忧。他指出，并没有非常规范的制度来对社区社会组织进行科学的监督与管理。当然也有一些法规和社区社会组织有关，比如一些程序性的行政法规，其中涉及了如何规范社区社会组织。但是，总体上看还是缺乏财务管理、年度检查、重大事项报告等这些有力度、广度和深度的日常监管制度。

第二层面的困境是资源缺乏。姚迈新、张云熙指出活动场所、经费和专职工作人员容易受到资源的影响，因为社区社会组织在活动过程中遭遇资源瓶颈，会使其受到约束。社区社会组织是非营利组织，其通过社会渠道获得经济支持比较困难，政府的制度性资源支持的是那些正规的社区社会组织，而那些非法人化的社区社会组织得不到这样的支持，就会缺乏活动经费。除此之外，一部分社区社会组织开展活动所需经费主要依靠社区服务中心来协调；社区社会组织工作人员主要是退休干部、社区党员或者社区居委会工作人员，工作人员专业性低。

第三层面的困境是社区社会组织的类型倾斜大。夏建中等人指出，从组织类型上看，数量最多的是文体类和教育培训类社区社会组织，数量最少的是公益类和维权类社区社会组织，数量中等的是服务类社区社会组织。从活动领域和功能发挥上看，最活跃的是文化发展和娱乐健身等领域，比较低迷的是社区管理及公共事务参与类，如参与社区治安、环境卫生、计划生育、社会公德宣传、纠纷调解等。如此看来，这种局面与社区社会组织多功能合理布局还有比较大的差距。

从浅层次来看，社区社会组织面临的这些困境一定程度上好像是社区社会组织本身的发展问题。然而，我们单纯依靠社区社会组织自己的力量，很难改变所面临的发展困境。我们必须学习国外社区社会组织发展的经验，并吸收其科学的管理经验，社区社会组织也要不断完善自身的管理制度，增强自身发展能力。

（三）国内社区社会组织管理研究

在政府大力扶持下和各相关机构与社会团体共同努力下，我国城市社区社会组织近年来发展较为迅速，尤其在一线城市，社区社会组织取得了很大发展。南京市对社区社会组织实行"两级登记、两级备案，三简、四免、五宽、六许"的双轨制管理机制，此外，按照"重点扶持慈善类、优先发展服务类、逐步壮大维权类、规范引导活动类社区社会组织的政策，在规章制度上进行创新"。《南京市基层民间组织备案管理暂行办法》是南京市社区社会组织备案管理的暂行办法，办法里说明了社区居委会对社区社会组织行使管理职能，保障社区社会组织的成立与运行是社区居委会的基本职责之一。这个暂行办法从两个方面对传统的备案登记方式进行了革新：一方面，此办法加强了主管部门对公共服务的建设与监督管理的工作；另一方面，社区社会组织发展的动力得以再次激活，使得一些未能接受管理与服务的社区社会组织能够获得发展并接受管理，同时被纳入这一体系当中。

此外，南京市对社区社会组织的管理采取一个居委会一个管理服务站的方式。基于这种机制，便民服务平台通过不同社区的居委会得以搭建，这个平台可以大大提高办理社会公益、社区服务以及居民事务的效率。择优考虑是南京市政府购买的重要原则之一，这个原则在一定程度上能够积极引导社区社会组织参与社区公共服务。所以，这种方式既可以改善社区社会组织提供公共服务时资金紧张的状况，也更新了社区社会组织的实际功能，改变一直以来政府主导的社区社会组织的管理，提高社区社会组织开展服务的积极性，提升南京市社区社会组织服务社会化和专业化水平。

（四）我国城市社区社会组织联合会研究

社区社会组织联合会，即把同类别、同性质、同领域的社区社会组织联合起来，在政府管理部门和社区社会组织之间，通过类似社区社会组织联合会这样的载体，来服务和管理辖区内的社区社会组织。社区社会组织联合会具有以下特征：① 合法性。社区社会组织联合会是得到法律许可的、政府扶持与资助的、可以承担民事责任的实体。② 排他性。社区社会组织联合会的设立依据相同领域只设立一个的原则，做到少而精。③ 整合资源性。社区社会组织联合会作为衔接政府和其他社会组织的中介和平台，拥有与其地位相匹配的资源整合与分配的权力。④ 代表性。社区社会组织联合会是同类别、同性质、同领域社区社会组织的联合代表，代表了一个地域或者系统。⑤ 非政府性。社区社会组织联合会是具有独立法人地位的社会组织，并不是政府的衍生机构。

成立街道社区社会组织联合会可以从三个方面改善社区社会组织的管理：

第一，促进社区社会组织管理机制转型。枢纽型社会组织的提出与政府改革社区社会组织管理办法同步进行，是政府简政放权的举措之一，标志着我国由"国家法团主义"的社会管理模式向"社会法团主义"的社会治理模式转型，或者说是从统治向治理转型的过程。政府通过购买服务、项目和雇佣社会工作者等多种方式，与枢纽型社会组织及其他社会组织建立合作伙伴关系，有效整合和调动更多的社会力量积极参与社会治理与建设。通过与枢纽型社会组织的合作，政府能够更有序地构建利益表达渠道，形成多方参与、共同治理的良好格局。这种合作关系不仅促进了社会力量的凝聚和整合，更为优化国家与社会之间的互动提供了新的路径，推动了治理模式的创新和转型。在这一过程中，枢纽型社会组织发挥着桥梁和纽带的作用，为各类社会组织和政府之间的沟通和协调提供平台。通过这一平台，社会各界的意见和利益能够得到更充分的表达和回应，社会各主体之间的关系变得更加透明和顺畅。枢纽型社会组织的介入能够在一定程度上缓解和化解社会中日益凸显的矛盾与冲突，为实现社会的和谐稳定提供坚实的保障。政府通过枢纽型社会组织的引导和协调作用，逐步重构国家与社会的关系，在更大范围内推动社会治理模式的创新与优化。通过整合多元主体的力量和资源，共同应对社会治理的挑战，政府能够实现治理重心的下移，逐步形成共建、共治、共享的治理格局。这种多主体合作的治理方式，不仅有助于提高社会治理的效率和效果，还为深化社会领域的改革创造了更加稳定的社会环境。

第二，枢纽型社会组织的建立，有利于社区社会组织的健康发展。作为连接政府和社区社会组织的重要桥梁，枢纽型社会组织向上承接政府的政策导向和政治信任，向下凝聚社区的社会认同，形成了上联政府、下通社区的枢纽关系。通过这一中介角色，枢纽型社会组织将部分政府管理社区社会组织的职能承接过来，承担起引导、资源链接、项目实施、服务提供和管理等多重功能。这一机制有效破解了传统社区社会组织管理中双重管理体制所带来的发展限制，给予了社区社会组织更多的活动空间和自主发展领域。在枢纽型社会组织的引导和支持下，政府不再直接干预每一个社区社会组织的具体运作，而是通过枢纽型组织进行统筹管理。这种间接的治理方式减少了行政管理的繁杂性和刚性，同时使得社区社会组织能够在更加灵活的环境中自主运作和发展，提升了其自组织能力和应对社区需求的适应性。此外，枢纽型社会组织为草根社区社会组织的培育和孵化提供了支持和平台，激发了社区社会组织的活力，增强和促进了社区的自治能力和社会资本的积累。这种模式不仅拓展了社区社会组织的活动领域，还提供了更为稳固的社会基础，为社区社会组织的多样化和可持续发展创造了有利条件，促进了社区整体社会治理水平的提升。

第三，推动社区建设与发展。枢纽型社会组织作为我国特有的一种社会组织形态，其出现是应对当前社区建设与发展局面的迫切需要，为改善国家与社会关系提供了新的切入点，也为社区建设的深化开辟了新的路径。在国家经济发展和社会改革的背景下，稳定的社会环境至关重要。然而，社会利益的多元分化往往容易引发群体间的利益冲突，尤其是草根社区社会组织由于难以进入正式的社会治理权力体系，力量相对薄弱，很难有效地代表特定群体的利益。在此背景下，枢纽型社会组织的引入和发展具有重要的现实意义。其作为代表性更强的社会组织，能够更好地参与社会治理体系，起到利益协调和冲突化解的作用。通过在利益协商中发挥桥梁和纽带的功能，枢纽型社会组织能够将政府和各类社区社会组织联系起来，形成一个相对稳定的利益表达和沟通渠道，有效化解各类社会矛盾，防止利益分化导致的社会不稳定。同时，枢纽型社会组织的存在为社区建设与发展提供了一个新的突破口。它不仅能增强草根社区社会组织的影响力和代表性，还能确保社区治理过程的有序和风险可控。在推动多方利益共赢的过程中，枢纽型社会组织通过其独特的地位和功能，助力社区在复杂多变的社会环境中实现稳定发展。它为国家提供了稳定社会环境的基础支持，使得社区建设能够在一个更加和谐、有序的状态下持续推进，确保社会改革的成效和经济发展的成果得以巩固。

通过对相关文献的梳理可以发现，学界对社区社会组织面临的困境已有一定的研究，但在社区社会组织管理方面仍缺乏深入和系统的探讨。目前的研究大多集中于管理制度的分析以及政府对社区社会组织的单一管理模式，而对如何通过成立社区社会组织联合会进行更有效的管理研究较少。同时，将网络化治理理论与社区社会组织管理相结合的研究也相对匮乏。在现有的研究框架中，网络化治理理论尚未被充分应用于社区社会组织的管理实践。如何运用这一理论来构建更加多元化、开放化的社区治理模式，仍是一个亟待解决的问题。具体而言，网络化治理理论如何应用于社区社会组织的管理，社区社会组织联合会在多元主体之间如何有效发挥协调和促进作用，如何在其成立和运行过程中应对和解决存在的问题，仍是需要进一步探索的方向。此外，如何通过优化社区社会组织的管理机制，提升社区社会组织的自主性和参与度，促进各方在社区治理中的协同合作，也值得深入研究。因此，未来的研究应聚焦于网络化治理视角下社区社会组织管理的理论与实践，探讨如何通过社联会的引入和运行，整合多方资源、加强各主体之间的合作与互动，实现社区社会组织管理的创新与优化。

第二章

理论基础与研究设计

在展开对理论基础与研究设计的具体讨论之前，有必要先对相关概念进行清晰的界定。概念的界定不仅是为了提供统一的术语解释，更在于为后续的理论分析和研究设计奠定坚实的基础。通过明确这些核心概念，我们能够更好地理解研究对象及其所处的理论背景。同时，概念的明晰也有助于理清本书的逻辑起点，使得后续理论基础的探讨更具针对性和深度，最终为研究设计的科学合理性提供支撑。因此，本章将依次对相关概念、理论基础以及研究设计进行深入分析和阐述。

第一节　相关概念的界定

"枢纽型社会组织"与"社区社会组织"作为本书的重要讨论对象，各自体现了社会治理体系中的不同功能定位和角色分工。此外，厘清"社区社会组织"与"社会组织"之间的概念边界，有助于深化对社区层面社会治理机制的认识，为后续理论探讨提供必要的理论支撑。通过对这些核心概念的界定，我们期望在理论与实践之间搭建起更为紧密的联结，以进一步阐明研究的学术贡献与现实意义。

一、枢纽型社会组织

"中介性组织""桥梁组织"等是西方国家对枢纽型社会组织的常见叫法。最先提出类似概念的学者是 David Brown，他将这类组织称为"支持型社会组织"。

他认为这种类型的社会组织存在的主要意义是服务于其他社会组织，其主要功能有四个方面：① 动员资源；② 提供技术知识支持；③ 提升社会组织能力；④ 促进组织间合作。Carroll 认为草根支持型组织和会员支持型组织是中介性社会组织的两个主要组成部分，其他社会组织成长需通过中介性组织的帮助丰富和提高自身的专业知识和技能。Berdej 和 Armitage 则把通过多元形式连接各个利益实体的社会组织归类为桥梁组织。Rafael 着重强调支持型社会组织是一种社会组织，主要为其他处于弱势的社会组织提供服务和资源，以提高这些弱势社会组织的竞争力。广东省社会工作委员会提出枢纽型社会组织是通过政府部门认定的，在现有社会组织体系中处于枢纽地位，通过健全的组织系统和有效的服务支持，加强统筹协调与纽带联系，实现同类型、同性质、同领域社会组织的孵化培育、协调指导、合作发展、自治自律、集约服务、党团管理的联合性社会组织。

枢纽型社会组织在各地的实践形态可以归结为三种类型：一是政治性人民团体，诸如工会、妇联、残联等，多是按人群特征来划分的；二是行业性协会或联合会，代表性的有经济类组织或社会类组织所形成的较有影响的行业协会，具有一定的行业特征或互益性特点；三是综合性社会组织联合会或社区组织服务中心，具有较强的社会服务性。这三种枢纽型社会组织的共性主要体现为对多个单一组织的支持性管理或服务，与单一的操作型社会组织相区别，具有较高的综合式管理特征。社区社会组织联合会属于第三种类型。

本书所研究的莫愁湖街道社区社会组织联合会是在民政部门登记注册的，以服务、支持、培育和管理街道社区社会组织为主要工作内容的一种枢纽型社会组织。

二、社区社会组织

社区社会组织是防止市场力量过度侵蚀以及社会向国家争取政治权利而诞生的社会组织形式。作为一种制度性的社会保护机制，社区社会组织在社区治理中具有国家和市场力量无法替代的功能。夏建中等认为社区社会组织是：活动范围在社区内，服务对象为社区居民，目的是满足社区居民的不同需求的不同种类的社团组织和民办非企业单位。卢建提到的社区社会组织是指：主体是社区居民，活动范围是社区地域，目的是满足社区居民需求，由居民自发成立的各类社会组织。而民政部关于社区社会组织的定义是：由社区居民发起成立，在城乡社区开展为民服务、公益慈善、邻里互助、文体娱乐和农村生产技术服务等活动的社会组织。本书中的社区社会组织采用的是民政部的定义。

三、社区社会组织与社会组织的区别

社区社会组织与广义的社会组织虽有部分交集，但在内涵、外延和作用等方面存在显著差异。社区社会组织是由社区居民自发组织并参与管理的社会团体，主要在城乡社区内开展服务居民、促进邻里互助、推动公益慈善、支持文体娱乐以及提供农村生产技术服务等活动。这类组织在强化社区治理体系，推动社会治理重心下移到基层，构建共建共治共享的社会治理格局方面起着不可忽视的作用。而社会组织是指在我国法律框架下，由公民自愿组成、主要从事非营利性活动的社会团体。其具体包括三大类：一是社会团体，如行业协会、学术团体等；二是民办非企业单位，如教育机构、医疗机构等；三是基金会，即利用社会捐赠财产从事公益事业的组织。这些社会组织必须经过民政部门登记备案，确保其合法性和规范性。因此，社区社会组织虽然属于社会组织的范畴，但两者在发起动机、运作机制以及作用领域等方面有本质不同，社区社会组织是社会组织的重要组成部分，却不等同于广义上的社会组织。

社区社会组织与一般意义上的社会组织有着显著的区别，这种区别主要体现在组织的成立背景、参与主体、活动范围和功能定位等方面。

第一，成立背景与参与主体的不同。社区社会组织是由社区居民自发发起和组织的，主要以服务本社区的居民为宗旨，其成员多为本社区的居民。而社会组织是一个更为广泛的概念，包括由公民自愿组成的社会团体、民办非企业单位和利用社会捐赠财产从事公益事业的基金会。社会组织的成员组成更为多样，可能包括公民、企业、专业人士等，其成立可以是出于公益、学术、行业自律等多种原因，不局限于某一个社区的内部需求。

第二，活动范围和功能定位的差异。社区社会组织的活动范围一般只限于本社区内部，重点在于增进社区居民的福祉，如开展公益慈善、邻里互助、文体娱乐和农村生产技术服务等活动，这些活动通常与社区居民的日常生活紧密相关。而社会组织的活动范围相对更广，可以跨越多个社区、区域乃至全国或国际，其功能定位也更加多元化，例如促进行业发展、推动政策倡导、提供公共服务等。社区社会组织在功能上侧重于基层的服务和动员，而社会组织的功能可能更具有宏观层面的影响力。

第三，法律地位和管理机制的差别。社会组织的成立和运行需要严格遵守国家相关法律法规的要求，在民政部门进行登记注册，接受相应的行政监督和管理。而社区社会组织虽然也是社会组织的一部分，但其活动相对灵活，通常无须注册或仅需简单备案即可开展活动，受到的行政管理较为宽松，主要依赖社区自治和居民自律。

第四，服务对象和组织属性的不同。社区社会组织的服务对象主要是社区内部的居民，服务内容通常是直接针对社区居民的实际需求。而社会组织的服务对象更为广泛，可能包括特定的群体、行业成员，甚至更大范围的公众。社区社会组织的属性通常更倾向于公益性和志愿性，而社会组织的属性可能涵盖公益、商业、自律、文化等多种类型。

第五，作用和影响的不同。社区社会组织在推动社区建设、促进居民参与和提高社区凝聚力方面具有不可替代的作用。它们能够通过提供日常服务、组织社区活动、增进邻里互助等方式，有效促进社区内部的和谐与稳定。而社会组织的作用和影响力通常体现在更大范围的社会事务中，涉及公共政策倡导、行业规范制定、国际合作交流等更广泛的领域，具有更为深远和广泛的社会影响。

第二节　理论基础

本书以网络化治理理论为指导，通过社联会的运作，探究政府、社区、社会力量、社联会在社区社会组织管理中的互动与角色。如何调动和激发不同管理主体的协同意识和能力，在兼顾不同管理主体权益的同时，能让社区社会组织的自我服务与自我管理能力得到较大的提升和优化，加快社区社会组织多元管理的进程？社联会作为一种枢纽型社会组织，其出现可以改变政府对社区社会组织单一的管理局面，促进社区社会组织管理主体从单一向多元化发展。

一、网络化治理理论的内涵

20 世纪后半叶，社会学、经济学和管理学针对网络化治理进行了重要探索。到了 20 世纪 90 年代初，网络化治理作为一种新的治理形式，已经成为组织演化研究的重要组成部分。在此基础上，美国印第安纳波利斯市前市长斯蒂芬·戈德史密斯和威廉·埃格斯共同提出了网络化治理理论，并著有《网络化治理：公共部门的新形态》一书。戈德史密斯和埃格斯在书中提出，网络化治理是一种完全的治理模式，它依靠的是公私部门合作、非营利组织、营利组织等广泛参与，提供公共服务并实现公共价值。政府的角色不再是管理者和控制者，而是资源协调者。网络化治理理论的兴起并不是偶然的，它的兴起有深厚的理论积淀和实践积累，政策网络化治理理论、多中心治理理论、协商民主治理理论和社会资本理论都为网络化治理理论提供了理论支撑。

此外，Castells 在他的《网络社会的崛起》一书中提出："网络社会以全球经济的力量，彻底地动摇了以固定空间领域为基础的国家或其他任何组织形式。网络化治理理论倡导治理主体的多元化。我们习惯思考社会的知识范畴，在信息化的社会中已经变得过时了。"我们可以这样理解：网络社会的特征是相互缠绕的，各个多元化权力与各个社会组织的关系密不可分，是对传统的政府单一管理社区社会组织的一种挑战。戈德史密斯等提出了网络化治理理论，他们认为网络化治理理论的核心观点是我们需要多元主体参与公共事务，不仅要重视政府的作用，也要重视第三部门、社会团体和公民的作用。Bruijn 进一步说明网络化治理本质是一种治理机制，其目的是解决社会问题。只有多个组织团体协作才能使公共问题得到合理解决。因此，注重治理主体的多元化成为网络化治理的关键所在。在中国城市社区社会组织不断发展的今天，政府和其他管理主体宽领域、多样化的合作，使社区社会组织的管理成为网络化治理中的关键一环。

二、网络化治理理论的特征与机制

总的来看，网络化治理具有三个特征：① 网络化治理是多元主体共同参与的；② 网络化治理的多元主体间是伙伴关系；③ 多元主体间有共同价值。

首先，政府的功能不是万能的，公共事务不能仅依靠政府进行管理，其他社会力量的支持也很重要。它们有各自擅长的方面，主导作用还是要靠政府发挥，政府要搭建起网络治理的架构，做好引导，而政府的短板可以通过其他社会力量得到弥补。其次，政府要给予其他主体应有的尊重，营造平等和互信的氛围，提高多元主体参与网络化治理的主动性。在其他主体达成一致的基础上，实施计划，突出网络化治理的特色。最后，网络化治理多元主体的行动都有自己的利益考量，只有达成共识，合作才能顺畅。而恰好共同价值存在的关键是化解发生在主体间的不良冲突，这也是网络化治理得以长久延续的秘诀。

网络化治理的特征表明有四种机制来保障网络化治理的顺利进行，分别是：① 信任机制；② 协调机制；③ 整合机制；④ 维护机制。

首先，伙伴关系是网络化治理中各个主体间关系的体现，因此信任在各个主体间显得尤为重要。Parkhe 指出了信任机制的三个重要组成部分：制度、合作和价值。制度信任的关键是在制度建设的基础上打造良好的信任环境，肯定各主体之间的信任；合作信任是通过以往的合作打好基础；在价值信任中实现共同目标是多元主体努力的方向。其次，不仅有共同价值，而且有不同的利益存在于各主体中，在强制手段不能发挥作用时，协调机制就显得格外重要。吴瑞坚也赞成建立更加扁平化的网络化治理结构，保证公共利益的实现效果达到最优。再次，多元主体可以发挥协同功能去整合已经拥有的资源，加速公共治理。最后，为了更好保障多元主体行动的统一性，需要建立各种监督和激励机制即维护机制，促使各项服务活动得到更好的开展。

三、网络化治理理论在本书中的合理性

本书以网络化治理理论作为分析框架，符合当前社区治理的多元化需求与复杂性特征。首先，网络化治理理论主张构建一种基于伙伴关系的治理模式，其中合作、协商和互动成为核心运行机制。在这一模式中，政府不再单独扮演绝对主导的角色，而是将部分治理职能和资源分配权移交给其他合作伙伴，从而打破传统的单向管理结构，重构各主体之间平等、互补的关系。针对社区社会组织的管理问题，政府、社区、社联会（枢纽型社会组织）和社会力量之间的关系正是这种网络化合作模式的典型体现。如果社区社会组织仍由政府单一管理，那么引入网络化治理理论便缺乏实践意义。因此，网络化治理的理念为社区社会组织管理提供了一种新的视角和路径。

其次，社区社会组织管理的目标与社联会的设立和运营在很大程度上具有一致性。社区社会组织管理的核心目标在于促进社区的良性发展与社会组织的健康成长，而社联会作为政府购买服务的一种实践工具，旨在整合各方资源、提供更加贴近居民需求的社区服务、提升社区居民的生活质量，并实现公共利益的最大化。通过推动社联会的设立与运营，政府能够更有效地支持社区社会组织的运作，使其更符合居民的实际需求，形成良性互动和合作网络。因此，社联会不仅是一种组织形式，更是网络化治理在社区社会组织管理中的实践体现，有助于实现社区治理的多方参与和协作共治。

最后，网络化治理理论强调多元主体的共同参与，契合社区社会组织管理的现实需求和发展方向。在这一理论框架下，政府、社区、社联会和社会力量共同构成了社区社会组织管理的网络化结构，各主体各司其职、相互协作、资源共享，共同促进社区的可持续发展。街道社区社会组织管理通过社联会的设立和运营，实现了多元主体之间的合作机制，将过去政府对社区社会组织的单一管理模式转变为多元化、多层次的合作管理结构。这种转变不仅提升了治理的灵活性和适应性，也推动了社区社会组织的自我发展能力和服务水平的提升，为更广泛的社会治理创新提供了范例。

第三节　研究设计

在完成了对相关概念的界定与理论基础的梳理之后，本节将详细阐述本书的设计框架和实施策略。研究设计是确保研究过程科学性和逻辑性的核心步骤，也是实现研究目标的重要保障。首先，本节将介绍所采用的研究方法，阐明这些方法在数据收集与分析中的具体应用及适用性。其次，将进一步展示研究思路，揭示研究各环节之间的逻辑联系和路径选择，以确保研究问题得到系统性和深度性的探讨。通过对研究方法和思路的细致规划，本书力求在理论与实证之间实现有机融合，为揭示研究问题的复杂性提供坚实的支撑。

一、研究方法及资料收集方法

（一）研究方法

本书采用个案研究法，以南京市莫愁湖街道作为研究单位，深入分析社区社会组织管理的优化过程。通过实地观察与深度参与，本书旨在探讨多元参与下社区社会组织管理主体间的复杂关系，进而总结出一套行之有效的管理机制。

首先，本书选取莫愁湖街道作为研究案例，原因在于该地区社区社会组织发展相对成熟，具备多元参与的特征，为网络化治理理论的应用提供了良好的实践基础。在这一背景下，本书通过收集与整理相关文献、政策文件及实地资料，力图全面呈现社区社会组织管理的现状与问题。

其次，本书特别强调研究者的实践者角色。笔者以社联会项目实践者的身份参与到社区社会组织的管理与服务过程中，真实地体验和观察社区社会组织的日常运作、管理机制以及与政府、社会力量的互动关系。通过这种深度参与式的观察与记录，笔者能够以第一手资料为基础，分析社区社会组织管理中的具体问题和需求，并在实践中验证和改进管理策略。

在研究过程中，笔者结合网络化治理理论，探讨了社区社会组织管理的多元化参与结构。网络化治理理论强调多元主体的协作与互动,这与社区社会组织管理的实际情况高度契合。在这一理论指导下,本书重点分析了政府、社区、社会力量与社联会之间的动态关系,特别是这些主体在社区社会组织管理中的不同角色与功能定位。例如,政府作为社区治理的主导力量,如何通过政策引导与资源配置影响社区社会组织的运作;社会力量和社联会则在提供服务与支持方面发挥着不可或缺的作用。

随着多元主体的参与,社区社会组织管理呈现出高度动态的发展特征,各主体之间的关系并非一成不变,而是在不同的治理情境下不断调整与演化。为此,笔者在研究中通过实地调研和数据分析,梳理出各主体之间的合作模式、冲突点及其解决路径。尤其是在面对社区实际需求时,各主体如何通过协商与合作实现资源的有效配置与管理效率的提升成为研究的重点。基于以上分析,本书总结并提出了优化社区社会组织管理机制的建议,不仅考虑了各主体的角色与功能,更注重其在实际操作中的可行性与有效性。研究发现,社区社会组织管理的优化不仅依赖于政府的政策支持,更需要各方力量的积极参与与协作。通过建立多元主体的互动平台,促进信息共享与资源整合,可以有效提升社区社会组织的管理水平,进而实现社区治理的良性循环。

(二)资料收集方法

1. 文献法

文献法是本书的重要资料收集手段。研究者通过系统地查阅和整理现有的相关研究成果,帮助构建社区社会组织管理的理论框架。

研究者广泛收集了学术期刊、专著、会议论文集中的相关文献,对社区社会组织管理的核心理论与概念、研究方法和实践案例进行了梳理与分析。这些文献不仅涵盖了国内外学者在社区治理、社会组织管理、网络化治理等方面的研究进展,也包括对枢纽型社会组织和社区社会组织管理的经典理论与新兴观点的深入讨论。这一过程有助于明确本书的理论背景和定位,为研究设计提供了扎实的学术支撑。

　　本书通过查找和分析各种官方统计数据和调查报告，全面了解社区社会组织的基本状况和发展趋势。具体包括地方政府及相关部门发布的年度工作报告、统计年鉴、政策文件等，以及国家统计局、民政部等机构的调查数据。这些数据不仅反映了社区社会组织的数量、类型、服务范围和运作机制等客观现状，也揭示了社区治理模式变迁过程中各方力量的互动关系与成效。这些数据的收集和分析，为研究的实证部分提供了重要的基础信息，使研究结果更加客观和可信。

　　本书还通过梳理近年来与社区社会组织管理密切相关的政府文件和政策法规，探讨政府在推动社区治理现代化过程中的政策导向和管理思路。这些文件包括各级政府发布的政策指导意见、实施方案、工作计划等，涵盖了社区治理创新、社会组织发展扶持政策、社区公共服务供给等多个领域。通过系统地整理和分析这些文件，研究者能够洞悉政府在社区社会组织管理中的角色定位及其政策变化趋势，为研究提供更为全面的背景信息。

　　媒体新闻和基层社区工作资料也是本书资料收集的重要来源。近年来，随着社区治理和社会组织管理话题的不断升温，媒体对社区社会组织的运作实践、创新举措、典型案例进行了大量的报道和讨论。这些报道和讨论不仅丰富了研究者对社区社会组织管理现状的认识，也为探索社区社会组织管理优化路径提供了启示。此外，通过对基层社区工作资料（包括社区工作者的工作日志、活动记录、总结报告等）的整理，研究者能够获取一手实践资料，进而深入了解社区社会组织在具体管理过程中的实际操作和面临的挑战。

　　综合以上各类资料的收集与分析，文献法不仅为本书提供了理论上的借鉴与支持，还为实证研究的设计和实施提供了必要的背景材料和数据依据。这种多元化、系统化的资料收集方法，确保了本书在理论探讨和实证分析之间建立起紧密的联系，为最终得出科学、严谨的研究结论奠定了坚实的基础。通过文献法的深入运用，本书力图揭示社区社会组织管理中存在的核心问题与优化路径，为推动社区治理理论的创新和实践发展提供理论依据和实证支持。

　　2. 观察法

　　在本书的资料收集过程中，观察法作为一种重要的质性研究方法，为研究者提供了直接而真实的现场资料，特别是在分析社区社会组织管理的实际运行状况及其动态关系时起到了关键作用。研究者通过深度参与和系统观察南京市莫愁湖街道的社区社会组织联合会项目，获取了大量的一手资料，为本书的实证分析提供了坚实的数据支持。

观察法分为参与观察法和非参与观察法两种方式，其分别用于不同场景和研究目的。作为南京市莫愁湖街道社区社会组织联合会项目的直接参与者，研究者首先通过参与观察法，全面融入社联会的各项活动中。参与观察法的运用，使研究者能够以实践者和观察者的双重身份，深入了解社联会的成立与运作情况，真实体验其在实际操作中所面临的挑战和问题。通过参与社联会的日常管理和活动策划，研究者直接观察了社联会与政府、社区、社会力量之间的互动关系，特别是在多元主体共同参与的背景下，各方如何通过协商、合作或冲突来达成社区治理目标。这种深度参与不仅使研究者能够收集到更为真实和详尽的资料，还能使研究者通过实际体验分析社联会在社区社会组织管理中的具体角色和功能。

在参与项目的过程中，研究者也运用了非参与观察法，对社联会及其成员的行为和互动进行系统性的记录和分析。非参与观察法的应用，使研究者能够保持相对客观的距离，重点观察社联会在具体项目运作中的决策过程和实施情况。通过对社联会内部会议、决策过程及各类社区服务活动的观察，研究者记录了不同主体在资源配置、利益协调、矛盾处理等方面的互动模式及其效果。这种观察方式的灵活运用，使得研究者能够在不干扰项目正常运作的前提下，收集到大量关于社联会与政府、社区、社会力量及社区社会组织之间关系的动态数据。

通过结合参与观察和非参与观察的双重方法，研究者系统观察了社联会在不同层级和领域中的互动过程。例如，研究者记录了社联会在不同社区项目中的实际运作模式，包括其如何与政府机构进行政策对接、如何协调社区内部资源以及如何与各类社会组织展开合作。特别是通过对社联会在多个社区服务项目中的前期策划及具体方案实施过程的深入观察，研究者能够获得更为细致的一手资料，从而对社联会与其他社区主体之间的权力动态和关系网络进行深入分析。

观察法还帮助研究者识别了社联会在社区社会组织管理中所面临的实际问题和挑战。例如，在政府政策支持下，社联会如何处理社区内外部利益相关者的矛盾，如何在多元主体的参与下实现有效的资源配置和管理协调，以及如何在实践中调整管理策略以应对社区需求的变化等。这些观察所得的资料，为研究者进一步分析社区社会组织管理的优化路径提供了实证依据。通过系统运用观察法，尤其是参与观察法和非参与观察法的结合运用，研究者能够在多层面、多维度上捕捉社区社会组织管理过程中的复杂动态和真实情境。这种方法不仅增强了研究的真实性和深入性，还为构建社区社会组织管理的理论框架和优化机制提供了丰富而详实的实证资料。观察法的多样化应用，使本书能够更全面地揭示社区社会组织管理中的关键因素及其相互关系，从而为相关政策制定和实践提供科学依据。

3. 访谈法

访谈法是一种重要的资料收集手段。通过直接对话，研究者能够获取更加生动、具体的见解和经验，这些信息对解释社区治理中的复杂动态具有重要意义。本书主要采用半结构式访谈法，选择了与社区社会组织管理密切相关的多元主体进行访谈，包括社区社会组织负责人、社区专职社会工作者、街道民政办负责人等。半结构式访谈法的特点在于其既有一定的结构性，又具有较大的灵活性，使研究者能够在访谈过程中根据受访者的实际情况和反应，调整问题顺序或增加补充问题，从而更全面地挖掘受访者的观点和经验。在访谈的设计上，研究者首先列出了针对不同类型受访者的访谈提纲，其中涵盖了社区社会组织的运作机制、管理模式、政府与社会组织的关系、社联会的角色与功能、社区服务的实施效果等多个方面的问题。这种设计确保了访谈能够围绕核心研究问题展开，获取足够深度的信息。

在实际访谈过程中，研究者不仅按照既定提纲进行问答，还根据访谈对象的回答及时追问新出现的相关问题。例如，针对社区社会组织负责人，研究者重点关注其在组织内部管理、资源获取、与其他主体合作等方面的经验和挑战；对社区专职社会工作者的访谈，则侧重于了解他们在具体服务项目中如何与社联会、政府和其他社区社会组织进行协调与合作；对于街道民政办负责人，研究者则集中探讨政府如何在政策制定和实施过程中影响社区社会组织的发展，以及在实际操作中遇到的瓶颈和问题。

这种灵活的访谈方式使研究者能够获得来自不同视角的信息和见解，揭示出各主体在社区社会组织管理中所扮演的角色及其相互关系的动态变化。例如，通过与社区社会组织负责人的对话，研究者了解到在多元参与背景下，组织在争取资源和政策支持时的策略和困难；通过与社区专职社会工作者的交流，则能获取关于实际服务操作和社区需求变化的一手资料；通过与街道民政办负责人的访谈，则能知晓政府在社区治理中的政策思路和实际操作的复杂性。这些不同层面的信息相互补充，共同构建了一个完整的研究视角。

通过访谈法，研究者不仅能获取到量化数据无法提供的细腻、深入的质性资料，还能够通过面对面的交流建立信任关系，鼓励受访者提供更加真实和详尽的反馈。同时，在访谈过程中，通过针对性的问题设计和深入的探讨，研究者可以更清晰地把握受访者的态度和立场，从而为研究的结论提供有力的支撑。在访谈过程中，研究者可以根据受访者的反应及时调整提问策略，深入挖掘潜在问题和新的研究方向。例如，当发现受访者在某些问题上表现出特别的兴趣或关注时，研究者可以适时调整访谈方向，进一步探讨这些领域，从而获取更为丰富和多层次的信息。这种动态调整的能力，使得访谈法在实际操作中能更好地适应复杂的研究情境。

二、研究思路

本书在当前社区治理体系转型的背景下，深入剖析社区社会组织发展中所面临的关键困境，并评估枢纽型社会组织引入后的深远影响。核心在于探索在社区社会组织管理过程中，如何构建多元主体协同共治的机制，以超越传统的单一政府主导模式，实现更高效的治理结构。通过引入网络化治理理论，本书力求揭示这一理论在增强社区社会组织服务能力、优化资源配置、提升整体效能等方面的实际应用和理论价值。研究以南京市莫愁湖街道为典型案例，针对该街道社区社会组织发展的具体情境和现存弊端，分析街道在成立社区社会组织联合会、引入枢纽型社会组织过程中的策略选择及治理绩效。社区社会组织联合会作为枢纽型社会组织，具备多方资源整合和高效协调的功能，其在复杂多变的社区治理网络中发挥了关键作用。通过对其内部运行机制和多主体互动模式的考察，揭示了枢纽型社会组织如何在平衡政府、社区和社会力量之间的利益关系中，推动合作共治和制度创新。

　　进一步地，本书运用网络化治理理论的分析框架，系统探讨政府、社联会、社区和社会力量等多元主体如何通过信息共享、协商决策和联合行动，实现社区社会组织的精细化管理和动态化调适。特别关注多元主体间的信任建立与权力再分配，以及这些互动如何有效解决传统管理模式下的资源分配不均和信息不对称问题，提升治理体系的整体效能与韧性。同时，研究对照网络化治理实践中暴露的问题和挑战，反思治理过程中多元主体的权责边界、合作障碍与机制改进路径。通过对莫愁湖街道具体实践的深入分析，总结了在网络化治理视角下优化社区社会组织管理的有效策略及其适用范围，为国内其他城市的社区治理提供了理论启示和实证参考。本书最终旨在构建一个可复制、可推广的社区治理模式，为政策制定者提供决策依据，促进社区社会组织在多元参与的网络化治理框架中实现更加持续和有序的发展，推动中国城市社区治理现代化进程中的制度创新与理论突破。

第三章

莫愁湖街道社区社会组织政府单一管理分析

在莫愁湖街道的社区治理实践中，政府主导的单一管理机制长期以来发挥着关键作用，为社区社会组织的发展提供了制度性支持和稳定的运行框架。然而，随着社会治理理念逐渐多元化和居民参与意识不断增强，这一管理模式在应对新形势下的复杂挑战时，似乎也显现出某些内在的局限性和亟待改进的方面。

第一节　街道概况

莫愁湖街道成立于 2012 年 7 月 4 日，由滨湖街道、南湖街道两个街道合并而成。辖区内有莫愁湖、南京云锦研究所及新建的和平广场、水西门大街亮化带等旅游景点；有江东门侵华日军南京大屠杀遇难同胞纪念馆、恽代英烈士殉难处等爱国主义教育基地；有晓庄教育学院、南湖二中、晓庄师范附小、回民幼儿园等 9 所教学资源；有中国人民解放军 94994 驻区部队。区域内商贸服务业发达，有星湖饭店、南方酒店、万科金色家园、苏建集团、金基唐城和法国欧尚超市等商贸企业集团、现代化住宅区；区域内交通便利，有通往新城区第一街——水西门景观大道、新老城区的重要枢纽之一——汉中门大街以及改造一新的茶南商业步行街。街道下辖 13 个社区党委、17 个居委会、13 个社区管理服务站。辖区面积 4.3 平方千米，常住人口 15 万，流动人口近 5 万，是南京市六城区人口最多的街道。街道设有一办三科，即党政办（增挂人才工作科）、社会建设与社会保障科、城市发展科（含安全生产办公室）、社会安全与综合治理科。同时，设有司法局的派出机构司法所，街道和人社局双重领导的劳动和社会保障所，街道内设机构物业办、文化站等。莫愁湖街道又属南京市老城区，人口密集，房屋大多为 20 世纪 80 年代末 90 年代初老旧小区。正是基于上述情况，街道为老服务、为小服务、城市治理以及文化娱乐等民生需求较大。近几年来，街道社区在大力改善民生服务上，也探索形成了一些品牌服务项目，但总体上看社会组织在推进社区治理与服务创新上，作用发挥得还不够充分，特别是专业化的养老服务、青少年综合支持以及社区深化治理等服务项目还比较欠缺。

第二节　街道社区社会组织存在的问题

莫愁湖街道的社区社会组织在政府主导的管理框架下逐步形成了一定的运作模式和组织形态，但在实践中，也显现出一些不容忽视的特征。这些特征既反映了现行管理方式的内在逻辑，也折射出某些值得进一步审视和思考的深层次问题。

一、社区社会组织管理方式单一

莫愁湖街道相关负责人在采访中说道："单一的行政管理方式效果并不理想，需要充分发挥品牌社区社会组织的带头作用和在社区服务中的堡垒作用，吸纳更多不同单位、不同领域的专家与力量共同参与管理社区社会组织，形成管理合力。"

长期以来，建邺区民政局对辖区内的社区社会组织实施了高度集中的统筹管理模式，这种管理模式在莫愁湖街道的社区社会组织中尤为明显。根据现行规定，莫愁湖街道的社区社会组织在其成立、变更或注销过程中，必须在街道综合服务中心进行登记备案。这一机制旨在确保政府对社区社会组织活动的全面掌控，但也造成了管理方式的单一和相对僵化，限制了社区社会组织自主性的充分发挥。在这一管理框架下，社区社会组织的日常业务开展仍然主要依赖于社区居委会的管理和监督。社区居委会不仅负责组织和指导社区社会组织的各项活动，还需对其日常工作进行严格的审核和把控。这种高度集中管理模式在某种程度上有助于维持社区治理的秩序和规范性，确保各项活动符合政策要求和管理规范。然而，正是这种管理模式的高度集中化，导致了社区社会组织在业务开展过程中缺乏灵活性和自主性。这种模式不仅可能延误决策的执行，还在一定程度上抑制了组织的创新活力和自主决策能力。

社区社会组织在开展重大活动时，首先需向所在的社区居委会提出申请，以获得批准。这种"逐级汇报"的制度不仅占用大量时间和资源，还可能导致信息在传递过程中失真和滞后，影响组织效率的提升。年底时，社区社会组织需向街道办事处和社区居委会提交本年度工作总结及下一年度工作计划，进一步体现出管理层级之间的严格管控。这种模式虽然有助于确保社区活动符合上级要求和政策导向，但在实践中往往使组织的自主性和灵活性受限，难以及时应对社区实际需求的变化和发展。

在行政管理过程中，社区社会组织的变更或注销也需经过复杂的审核程序。社区社会组织若需对备案证书上的事项进行变更或办理注销，必须先向社区居委会报备，由其审查后，再到街道办事处办理相关手续。这种多层次的审批机制在保障社区社会组织管理的规范性和透明度方面起到了一定作用，但同时也增加了操作过程的复杂性，延长了办理时间，可能影响组织的效率和灵活性。过于繁琐的程序往往让社区社会组织在面对变更需求时感到力不从心，甚至可能因此错失一些发展的机会。

在现行制度下，社区社会组织在政策解读和活动规划上往往依赖于政府的指引，导致其在实际运作中缺乏足够的自主性和创新空间。尤其是在应对社区日益多元化和复杂化的需求时，这种单一的管理模式更显不足。在快速变化的社会环境下，社区社会组织需要更加灵活和迅速地调整自身的工作重点和服务方向，以回应社区居民的多样化需求。然而，目前的管理模式下，组织往往被动地遵循政府的安排和指导，无法及时根据实际情况作出调整和应对，影响了其对社区事务的积极参与和贡献度。更为重要的是，这种单一的管理模式可能导致社区社会组织对政府资源的依赖性增强，抑制其在资源获取和运用方面的独立性和自主性。由于管理主体高度集中，社区社会组织在日常运作和资金使用上往往必须依赖政府拨款和资源分配，缺乏多样化的资源渠道。这种现象可能限制组织在资金筹措、资源整合等方面的创新探索，不利于其长远发展。

二、规模与结构不科学

调研过程中，笔者协助街道综合服务中心的相关部门对莫愁湖街道所辖社区的社区社会组织进行了全面的梳理和排查。结果显示，这些社区社会组织在规模和结构上存在着明显的不合理性，具体体现在人员配备、组织结构形态及党建工作等多个方面。这些问题的存在不仅影响了社区社会组织自身的运行效率和可持续发展，也制约了社区治理整体功能的发挥和社会资源的有效整合。

首先，从人员配备来看，当前社区社会组织的工作人员数量普遍偏少，且存在明显的老龄化趋势。每个组织的工作人员在数量上难以满足社区多样化服务的需求，年龄结构偏大则进一步限制了组织的活力和创新能力。老龄化的团队难以适应日益复杂和多元的社区事务管理，更难以快速响应社区居民的需求变化。同时，这种人员结构的不合理性还造成了社区社会组织在实际工作中难以充分调动和发挥基层社会力量的积极性，降低了社区居民的参与度和互动频率。由于缺乏新鲜血液和人才储备，许多组织在活动开展和项目执行方面显得力不从心，制约了其在社区服务中的有效性和影响力。

其次，社区社会组织在规范化建设和发展战略方面的松散状况也进一步凸显了其结构性问题。一方面，许多社区社会组织在内部管理、资源配置和业务开展方面缺乏系统性和制度化的规范，对组织的发展方向和长远目标没有清晰的规划，这种松散的组织结构导致了组织运行效率低下、内部协调难度增加、资源利用效率不高。另一方面，由于缺乏明确的规范和战略指导，各组织在业务水平和能力上存在较大差异，服务质量和服务标准难以统一。这不仅不利于社区社会组织整体形象的提升，也容易造成社区居民对其功能和价值的质疑，影响其公信力和社会认可度。

最后，党建工作在社区社会组织中的缺失或弱化也是一个显著问题。当前，许多社区社会组织没有专人专职负责党建工作，这导致了组织在党建方面的工作落实不力。有些社区社会组织甚至完全忽视党建工作，缺乏相应的党建活动和措施。这种情况不仅不利于党的基层组织建设和党的政治引领作用的发挥，还影响了社区居民对党组织的归属感和认同感。没有健全的党建工作机制和专职人员的支持，社区社会组织难以在基层党建中发挥应有的作用，削弱了党和群众之间的联系，削减了党的政策在基层的贯彻执行力。

三、社区服务能力弱

在当前经济社会快速发展的背景下，居民群众对公共服务的多样化、差异化需求日益增加。这种需求的变化对街道社区社会组织的服务能力提出了更高的要求。然而，在实际中，社区社会组织普遍面临服务能力薄弱的问题，这一问题已成为影响社区治理质量和居民满意度的重要因素。随着社会发展的新机遇不断涌现，社区社会组织作为社区服务的主要提供者和参与者，面临着巨大挑战。

首先，社区社会组织的服务能力有限，主要体现在服务种类单一、覆盖面不足和专业化水平低等方面。许多社区社会组织仍然局限于开展传统的、低门槛的基础服务，如义诊、健康讲座、文娱活动等，未能根据社区居民的多样化需求开发新的服务项目。这种单一的服务模式难以满足日益多元化的居民需求，导致社区服务的吸引力和参与度不高。此外，很多社区社会组织的服务范围局限于某些特定人群或区域，未能覆盖整个社区，造成了服务资源的浪费和不均衡分配的问题。社区居民尤其是弱势群体难以获得平等的服务机会，社区社会组织在促进社会公平、增强社区凝聚力方面的作用也未能得到充分发挥。

其次，社区社会组织的专业化程度较低，缺乏高水平的专业人才和科学的服务管理体系。一方面，大部分社区社会组织的成员以志愿者和兼职人员为主，专业背景和服务能力参差不齐，这直接影响了服务的质量和效果。缺乏针对性强的专业培训和服务经验的积累，使得一些社区社会组织在应对社区居民复杂需求时显得力不从心。例如，在面对老年人、残疾人和青少年等特殊群体的服务需求时，社区社会组织缺乏相应的专业知识和技能，难以提供精准、到位的服务。另一方面，很多社区社会组织的管理体系不够健全，缺乏明确的服务标准、流程和监督机制，服务管理混乱，责任不清，资源配置不合理。这不仅削弱了服务的整体质量，还容易引发内部矛盾和居民不满。

最后，社区社会组织在整合资源、形成合力方面存在困难，制约了其服务能力的提升。许多社区社会组织缺乏有效的沟通和协作机制，未能充分整合和利用社区内部及外部资源。社区社会组织之间的资源共享和信息互通不足，导致服务内容重复、服务质量不均衡、服务对象覆盖率低等一系列问题。此外，社区社会组织与政府部门、企事业单位和其他社会团体的合作力度不够，未能充分发挥多方力量的协同效应。由于缺乏资源整合和合作，很多服务项目无法持续开展，社区居民对社区社会组织的信任度和依赖度也难以提升。

四、活动缺乏持久性

在调研过程中，笔者策划并参与了社区社会组织在不同社区内举办的诸如"××月""××周"等各类活动。然而，这些活动由于其临时性和应景性的特点，在发挥社区社会组织应有功能和价值方面显得力有未逮。尽管这些活动名义上是社区社会组织的具体实践，但实质上更多体现为一种短期内的群众性参与活动，未能产生长期的社会效应和深远影响。

首先，这类活动多以短期运作为主，更多是为了应对某一阶段性的要求或任务而开展。活动的策划和组织常常显得仓促，应急性强，导致内容较为单一，形式趋于雷同，难以调动社区居民的长期兴趣和积极性。大多数居民在参与这些活动后，对其关注度并不持续，活动的效果往往仅限于当天，难以形成长期的社区影响力和凝聚力。这样的活动模式未能充分发挥社区社会组织在增强居民凝聚力、促进社区互动方面的潜力。

其次，这些活动尽管在形式和内容上看似多样，但缺乏系统性和持续性的规划，难以形成具有连贯性和深度的社区服务体系。尽管各社区每月或每周都会开展不同主题的活动，但这些活动之间往往缺乏有机联系和长远布局，未能形成持续的品牌效应或吸引力。活动后的反馈和跟进也较为有限，使得这些活动的实际意义难以超越单一事件的范畴，无法在更大范围内促成社区认同感和归属感的增强。

最后，这些活动缺乏持续性的另一个表现是，在实际开展过程中缺少深层次的互动和长期的跟进机制。很多活动虽然吸引了居民的参与，但在活动结束后缺乏对参与者的持续联系和深入交流。活动组织者通常只是完成了活动的表面目标，而没有考虑如何将这些短期活动转化为长期的社区建设动力。由于缺乏有效的反馈机制和后续支持，活动的影响力往往停留在表面，没有形成可以持续深化的社区互动和关系网络。

五、经济与物质支持少

在采访过程中，多数社区社会组织负责人表示："街道社区社会组织的资金主要来源于政府、企业和个人的投入等，但是政府资助有限，我们自身募集资金能力有限，因此经费缺乏是一个相当普遍和非常严峻的问题。"访谈内容揭示了街道社区社会组织在经济和物质支持方面面临的诸多挑战，这些问题直接影响了社区社会组织的日常运行和长期发展。当前，许多社区社会组织缺乏稳定和持久的资金筹集渠道，创收能力较弱，抗风险能力低，导致其在实际运作中往往举步维艰，难以实现可持续发展。

首先，资金来源的不稳定性是社区社会组织面临的主要问题之一。很多社区社会组织没有建立起稳定的资金筹集机制和渠道，其经济来源多样性不足，对外界捐赠和项目性资金支持依赖度较高。这种资金来源的不稳定性使得组织在运营中存在较大的不确定性，难以长期规划和布局发展方向。更有甚者，一些社区社会组织的运行几乎完全依赖于政府的财政支持，这不仅限制了它们的自主性和灵活性，也导致其抗风险能力明显不足。一旦外部支持出现波动，这些组织的生存就面临严峻考验，无法有效应对各类风险和挑战。

其次，社区社会组织的创收能力较弱，进一步加剧了其经济困境。大部分社区社会组织缺乏明确的市场化运营思路和专业的筹资能力，很少主动开展创收活动或开发服务产品来实现自我造血功能。这种创收能力的缺乏，使得社区社会组织在财务上缺少自主性和灵活性，无法为组织的持续发展提供必要的经济支持。此外，由于缺乏必要的市场分析和运营经验，很多社区社会组织在尝试开展创收活动时遇到较多困难，效果不理想，进一步削弱了它们在财务上的独立性和可持续性。

最后，物质资源的短缺同样是制约社区社会组织发展的重要因素之一。不少社区社会组织在活动场地、办公空间等物质支持方面存在明显不足。街道上一些社区社会组织的办公场地本就有限，当需要开展较大规模的社区活动时，往往不得不租借外部场地。这种情况不仅增加了活动成本，还在一定程度上削弱了组织活动的积极性和主动性。由于无法保证充足的活动场地和物质支持，许多有潜力的社区活动难以持续开展，直接影响了居民的参与度和组织的凝聚力。

第三节　莫愁湖街道社区社会组织政府单一管理的内容

一、税务登记管理

在莫愁湖街道的社区治理框架下，社区社会组织的税务登记管理是政府单一管理机制中的重要内容之一。根据相关规定，凡是在辖区内从事有偿服务性收费的社区社会组织，均需在完成民政部门登记后的一个月内，主动前往所在区域的税务机关办税服务厅的税务登记窗口申报办理税务登记。此项要求适用于所有以提供收费服务为主要活动的社区社会组织，目的是确保这些组织在合法合规的框架内开展经营活动，同时维护政府对其经济行为的有效监管。

税务登记管理的第一步是社区社会组织在民政部门完成登记注册后，必须在规定的时间内到当地税务机关进行税务登记申报。这一过程要求社区社会组织准备和提交一系列材料，包括但不限于民政部门核发的登记证书、组织的基本信息

（如法定代表人身份证明、银行开户许可证），经营范围和服务项目的具体说明以及其他必要的证明文件。这些文件资料将由税务机关审核，以核实社区社会组织的合法身份、运营性质及其开展的收费服务的合法性和合规性。

在税务登记的过程中，社区社会组织需按照税务机关的规定开设税务账户，获取专属的税务登记号。这个过程不仅为组织的纳税义务和后续税务申报提供了法律依据，还为政府的税收征管提供了基础信息。税务机关将基于这些信息建立税务档案，对社区社会组织的经营收入、成本支出、盈利状况及其所涉及的税种进行监控和管理，确保税款的准确计算和及时缴纳。

税务登记管理还要求社区社会组织在日常运营中建立规范的财务管理制度，特别是在服务收入的记录和报告方面。根据税务机关的要求，社区社会组织应设置专门的财务账簿，详细记录所有与有偿服务相关的财务活动，包括收入、支出和纳税情况。这些财务记录需与实际运营情况相符，以便于税务机关在例行审查中能够有效核对和验证。一旦发现社区社会组织在财务管理或税务申报中存在不规范行为，税务机关有权依法进行纠正或处罚。

税务登记管理还包括对社区社会组织信息变更的监管。任何涉及社区社会组织名称、法定代表人、经营地址、经营范围或服务内容的变更，均需在变更后规定的时间内向税务机关申报更新。这一规定旨在确保税务信息的准确性和及时性，防止因信息不符而导致税收流失或管理上的漏洞。如果社区社会组织计划解散、撤销或停止有偿服务活动，亦需按照税务机关的相关规定，申请办理税务注销手续，以免在解散后仍承担不必要的税务责任和法律风险。

二、年检管理

在莫愁湖街道的社区治理框架中，年检管理是政府单一管理机制中加强社区社会组织监督与规范运营的重要措施之一。为确保辖区内各社区社会组织的合法合规运行，莫愁湖街道综合服务中心每年组织辖区内的社区社会组织参加年检工作，旨在通过定期审查的方式，提升社区社会组织的透明度和管理效率，防范潜在的运营风险和违规行为。

年检的流程由多个环节构成。社区社会组织首先需要通过网上平台填报年检年报，内容包括年度财务状况、人员情况、业务开展情况、内部治理结构等信息。填报完成后，组织需下载并打印"年度工作报告书"，在报告书中详细记录年度内的工作开展情况、财务收支情况以及组织内部管理和规范化建设等内容。接下来，社区社会组织将该报告书提交至其业务主管单位，业务主管单位对其工作情况和运营状况进行初步审查，提出意见并加盖公章予以确认。这一环节的初审意见对年检结果具有重要的参考价值。

完成初审后，社区社会组织需要将"年度工作报告书"和相关材料提交至民政局，民政局负责进行公示和公告。公示期间，公众和相关利益方有权对组织的年度报告内容提出意见和建议，民政局在收到反馈后会进一步审核，确保年检工作的公开性和透明度。对于超过规定日期且没有合理理由申请延期、未加盖年检印鉴的社区社会组织，登记管理机关有权依据相关规定，对其进行监督检查和处理。这一程序的设计旨在确保所有参与年检的社区社会组织遵守时间和程序上的要求，避免年检工作流于形式，确保组织的实际运营情况得到有效监督。

在年检过程中，如果发现社区社会组织存在不符合规定或违法行为的情况，相关部门将依据法律法规对其进行查处。例如，对于未按要求提交年检材料的组织，登记管理机关可以对其采取约谈、责令整改、暂停活动等处理措施。特别是在年检中，如果发现有组织存在严重违规行为，例如财务造假、未按规定用途使用资金、非法集资等，民政局和其他相关部门将依法采取更严厉的措施，包括罚款、责令限期改正，甚至吊销其登记证书，确保辖区内的社区社会组织规范运营。

对于连续未参加年检的组织，相关规定更为严格。若某社区社会组织连续一年未开展活动，或者连续两年未参加年检或连续两年年检不合格，登记管理机关将依据法律法规予以撤销登记。这意味着该组织的合法地位将被取消，其原有的各类权利、优惠政策、合作关系等也将不复存在。撤销登记是一种较为严厉的惩罚措施，意在警示和规范社区社会组织的行为，确保其在社区治理中发挥应有的积极作用。

通过这一套完整的年检管理机制，莫愁湖街道能够有效监督社区社会组织的日常运营和规范化建设。年检作为一个重要的管理工具，不仅提升了政府对社区社会组织的管理透明度和效率，还为促进社区社会组织的自律和合规提供了保障。对社区社会组织来说，年检的过程既是一次自我反省和调整的机会，也是一种制度化的压力，促使其更积极地完善内部治理结构，提升服务质量，更好地服务于社区居民和社会发展。

三、变更管理

在莫愁湖街道社区社会组织的管理框架中，变更管理是确保社区社会组织依法合规运营的重要组成部分，也是莫愁湖街道政府单一管理机制的具体体现。为了维护社区社会组织的规范化运作和信息透明度，莫愁湖街道对辖区内的社区社会组织实施严格的变更管理制度，要求所有组织在发生重要信息变动时，必须按照规定程序向相应管理机关申报并办理变更手续。

首先，根据莫愁湖街道的管理规定，社区社会组织在单位名称、法定代表人、主管业务单位、住所、开办资金、业务范围等关键信息发生变化时，需在规定的时间内，携带相关证明材料前往街道指定的社区社会组织登记管理机关进行变更申请。这些证明材料包括原有登记证书、变更内容的详细说明、变更事项的证明文件（如新法定代表人的身份证明、新住所的租赁合同或产权证明，以及变更后的业务计划或活动计划等）、其他登记管理机关要求的材料。通过这一制度，莫愁湖街道确保了各类社区社会组织的基础信息和实际情况的一致性和合法性。

在实际操作中，莫愁湖街道综合服务中心负责协调和监督辖区内社区社会组织的变更管理流程。该中心会指定专门窗口或工作人员接收和审核变更申请材料，审核内容包括变更事项的合法性、合理性和合规性。例如，在变更法定代表人时，街道登记管理机关需确认新任法定代表人是否符合相关资格要求，是否具备管理社区社会组织的能力和条件；在变更住所时，需确认新地址是否符合社区社会组织开展活动的实际需求和运营特点。此外，街道登记管理机关还会审查变更后的信息是否与组织的宗旨和业务范围相符，是否对原有的登记内容和合法地位产生影响。

莫愁湖街道的变更管理机制不仅要求组织在提交材料时符合规定，还加强了对变更过程的监督和跟踪。对于未按照规定时限完成变更手续的社区社会组织，街道登记管理机关将视情况予以警告或责令限期整改；对于情节严重者，可能暂停其相关活动的进行，直至变更手续完成。在材料审核无误并符合规定的情况下，街道登记管理机关将正式出具变更许可文件以批准组织的变更申请。完成变更后，组织需按照街道的要求及时更新各类信息披露平台，确保信息的一致性和透明度。

此外，莫愁湖街道的变更管理部门还会对变更后的组织运营情况进行跟踪和监督。变更管理部门会定期检查社区社会组织的活动和财务记录，确保其变更后的信息真实有效，不存在虚假变更或违规行为。如果在检查过程中发现有虚假申报、信息不符或违反管理规定的情况，街道登记管理机关有权采取相应的处罚措施，包括责令改正、罚款、暂停活动，甚至吊销登记证书等。这些措施不仅旨在确保变更过程的合法合规，还意在有效防范和控制社区社会组织潜在的运营风险和法律风险。

通过严格的变更管理，莫愁湖街道有效地规范了社区社会组织的运营行为，确保其在发生重大变更时能够依法依规进行操作，从而维护辖区内社区社会组织的正常运转和健康发展。未来，随着社区社会组织在社会治理中的作用不断增强，莫愁湖街道将继续完善变更管理机制，加强对组织信息的动态监控，确保其在新的社会环境中更好地履行职责、发挥作用。

四、违约失信管理

在莫愁湖街道的社区社会组织管理框架中，违约失信管理是确保社区社会组织合法合规运营的重要手段之一，也是街道政府单一管理机制的核心内容之一。为提升对社区社会组织的监督管理水平，莫愁湖街道社区综合服务中心依据相关法律法规，建立了"社区社会组织活动异常名录"和"严重违法失信名单"制度，旨在通过信用信息的采集和管理，对存在未依法履行义务或违法违规行为的社区社会组织进行精准监管和惩戒，维护社区治理的公正性和透明度。

首先，该管理机制的核心在于建立一个全面的社区社会组织信用信息库。信用信息包括但不限于以下几个方面：基础信息（如组织名称、法定代表人、登记日期等），年报信息（组织在年检中提交的年度报告及相关数据），行政检查信息（有关部门对组织的例行检查和现场检查记录），行政处罚信息（组织因违法违规行为被相关部门处罚的记录），以及其他与社区社会组织活动相关的重要信息。这些信息的全面收集和动态更新，有助于构建社区社会组织的诚信档案，为后续的信用管理和决策提供数据支持。

在实际操作中，当社区社会组织出现未依法履行义务或违法违规行为时，莫愁湖街道社区综合服务中心将依据相关的信用信息，将其列入"社区社会组织活动异常名录"或"严重违法失信名单"。"社区社会组织活动异常名录"主要针对那些在日常活动中出现较轻微问题或尚处整改过程中的组织，例如未按时提交年报、未按规定程序开展活动、未按要求公开信息等情况。一旦被列入此名录，组织就需在规定期限内采取纠正措施，消除异常状态。如果在限定时间内未能整改到位，或者整改后再次发生类似问题，将被列入"严重违法失信名单"。

"严重违法失信名单"针对那些存在重大违法失信行为的社区社会组织，通常包括但不限于以下几种情形：一年内多次违反社区管理规定且拒不整改的；被行政处罚但未履行相关法律责任的；因财务造假、非法集资或挪用资金等严重违法行为被相关部门立案调查或处罚的；其他严重扰乱社区治理秩序、损害公共利益的行为。一旦被列入"严重违法失信名单"，该组织将面临更加严厉的限制和惩戒措施，如取消参与政府采购和项目招标的资格，限制申请政府资金和政策支持等，直至吊销登记证书、取消所有活动资格。

莫愁湖街道的违约失信管理机制不仅对违法失信行为进行记录和公开，还注重对失信行为的社会公示和警示作用。社区综合服务中心将定期在街道官网或社区公告栏等平台上公示"社区社会组织活动异常名录"和"严重违法失信名单"，并通过多种渠道向公众发布相关信息，确保社区居民和其他利益相关方能够及时了解社区社会组织的信用状况。这种公开透明的方式，不仅有助于加大社会监督的力度，还能有效遏制社区社会组织的违法失信行为，促使其自我约束和规范化发展。

此外，该管理机制还鼓励社区社会组织建立和完善内部信用管理体系，通过自我检查、自我纠正和自我约束，提升自身的信用水平。对于信用状况良好的社区社会组织，莫愁湖街道综合服务中心将给予一定的政策支持和优先权，例如优先参与政府购买服务项目、获得政府资助或政策优惠等。通过这种方式，街道不仅能够有效激励守信组织的良性发展，还能通过反向约束机制促使失信组织纠正其行为。

第四节　莫愁湖街道社区社会组织政府单一管理的特征

在莫愁湖街道的社区治理过程中，政府单一管理机制所体现的特征不仅是对现有管理模式的真实写照，也反映了这一机制在实践中的运作逻辑和内在驱动因素。这些特征既有其历史沿革和现实依据，也在一定程度上影响了社区社会组织的运行效果及长远发展。

一、管理偏向行政化

在莫愁湖街道社区社会组织的政府单一管理机制中，管理方式明显偏向行政化，体现了传统的行政主导特征。作为社区社会组织的主要管理主体，政府部门严格依照我国现行的社会组织管理法规进行监管，其中主要依据的法律框架包括《社会团体登记管理条例》《民办非企业单位登记管理暂行条例》和《基金会管理条例》。

具体而言，莫愁湖街道的管理机制主要体现为"登记管理机关与业务主管单位分别负责"的双重管理模式。这一模式的基本特征是：社区社会组织的登记和管理由民政部门作为登记管理机关来实施，而业务监督和指导职能则由与组织业务范围相关的政府部门或政府授权单位来行使。换言之，登记管理机关负责组织的合法性、合规性审核和登记手续办理，而业务主管单位负责具体业务指导和日常监督。该体制下，民政系统作为登记管理机关，依托各种法律法规和上级政府授权，对社区社会组织履行管理职能，例如组织登记备案、年检审查、变更管理、失信惩戒等。这种双重负责的管理机制是国家在探索过程中逐渐形成的管理模式。其初衷是强化对社区社会组织的管理控制，防范各种风险，并确保组织的运营合规、稳定。通过双重管理机制，政府在制定社区社会组织的规范和标准方面具有了较大的控制力，能够在法规的框架下对社区社会组织进行严格的监督和检查，确保社区社会组织活动在法律和政策的范围内进行，从而降低意外事故和违法违规行为的发生概率。

然而，这种管理机制过于行政化，给社区社会组织的发展带来了不少限制。首先，分级登记、双重管理的模式固然强化了监管，但也使得管理过程过于繁琐和复杂，往往导致行政效率低下。例如，社区社会组织在开展活动时，需要先通过登记管理机关的审核，再通过业务主管单位的审批，这种多头管理和重复审批的过程耗费了大量时间和精力，增加了组织的运营负担，减弱了其自主性和灵活性。

行政化的管理方式更多侧重于维持秩序和控制风险，而非积极推动社区社会组织的成长和创新。由于各级管理部门关注的重点在于风险防范和合规性，往往缺乏对组织自主发展和能力建设的支持和引导。这种管理方式使得社区社会组织在发展过程中缺乏足够的自主权和空间去创新和探索新模式，削弱了其活力和创新能力，不利于社区社会组织的培育和孵化。此外，这种行政化管理机制对社区社会组织的多样性发展产生了一定的限制。在这种框架下，社区社会组织的目标和活动往往被迫与政府的政策方向保持一致，导致其在开展工作时更多地考虑如何符合行政要求，而不是满足社区居民的实际需求。这样一来，社区社会组织的活动形式和内容可能趋于单一和保守，难以针对社区内的多元化需求提供有针对性和创新性的服务，从而限制了其在社区治理中的作用和影响力。

二、社区居民参与程度低

首先，当前的社区社会组织运行高度依赖政府的支持，这种支持在推动社区建设、提供经济和物质保障方面发挥了重要作用。政府在社区社会组织的管理中提供了包括经济资助、设施支持和政策保障等多方面的资源，使得社区社会组织的各类活动得以有序开展。然而，这种政府主导的支持模式在赋予组织稳定资源的同时，也使得组织的运行方式带有较强的行政色彩。由于很多活动内容和形式主要依据上级行政要求制定，社区社会组织的自主性和灵活性受到了一定限制，居民的多元需求难以全面体现，导致了居民参与热情不高。

其次，这种管理模式的特征在某种程度上影响了社区居民更为广泛和深入地参与。街道的社区社会组织尽管开展了多样化的活动，如老年群体的秧歌队、中小学生的辅导班以及低保居民的帮扶项目等，这些活动在特定人群中取得了一定成效，但对其他群体的吸引力相对有限。特别是中青年群体，因工作繁忙和时间限制，往往难以参与到这些偏向特定人群的活动之中，而中青年恰恰是社区居民的主要构成部分。

这种现象揭示出，虽然社区社会组织在一定范围内成功地吸引了部分居民的参与，但整体上呈现出参与结构的不均衡性和覆盖面的局限性。更深层次来看，这反映了在现有管理框架下，如何更好地协调行政导向与居民自主需求之间的平衡，以提升居民的整体参与率和社区认同感，是未来管理机制优化的重要方向。要实现更高层次的社区治理效果，莫愁湖街道可能需要在维持政府支持的同时，进一步探索更加多元化和富有包容性的管理模式，使社区社会组织能够在合法合规的前提下，灵活回应社区居民多样化和个性化的需求，营造一个更具参与性和互动性的社区环境，从而真正发挥社区社会组织在社区建设和社会治理中的重要作用。

三、管理理念保留传统风格

在莫愁湖街道的社区社会组织管理机制中，管理理念保留了较为传统的风格。这一特征在一定程度上影响了社区社会组织的现代化管理和有效运行。

首先，街道和社区的管理人员大多长期从事街道、社区或居委会的工作，其在管理社区社会组织时往往表现出明显的行政倾向。这种倾向源于他们在长期行政工作中所形成的固定思维模式和工作方法，使得他们在管理社区社会组织时更偏向于使用传统的管理手段，依靠自上而下的命令和指示来进行管理和协调。虽然这种管理方式在一定程度上保证了工作的规范性和程序性，但也导致了社区社会组织管理的灵活性和创新性不足。

其次，社区社会组织管理人员的年龄结构和专业背景同样影响了管理理念的创新和调整。目前，莫愁湖街道的管理人员中，中年群体占比较大，整体上保留着较为传统的思维习惯，对新知识、新经验的接受和学习能力有限。这种传统思维模式使得他们在面对社区社会组织管理日益复杂化和多样化的挑战时，难以快速适应和调整。例如，随着社区建设迅速推进和社区社会组织的发展，这些管理人员往往难以应对社区社会组织管理所呈现出的纵横交错、跨界协作的网络特点，导致管理效率不高、组织运转缓慢。

最后，许多管理人员并非相关专业出身，缺乏系统的社区工作专业培训和理论知识支持，对社区社会组织的管理工作在定位、目标、原则、功能和方法等方面缺乏明确的理解和认知。这种状况使得管理人员在实际工作中难以有效制定和执行适应现代社区需求的管理策略，也难以准确把握社区社会组织在社会治理中的独特功能和作用。因此，社区社会组织管理工作在很大程度上仍依赖于传统的工作经验和固有的管理模式，缺乏科学性和创新性。

因此，在城市社区建设和社区社会组织快速发展的背景下，莫愁湖街道的管理理念若要进一步提升，需要更加重视管理人员的能力建设和理念更新。一方面，可以通过系统的专业培训和学习，提升管理人员的专业素养和现代社区管理能力；另一方面，应鼓励管理人员积极接受新知识和新方法，促进管理思维的多元化和创新性。只有在管理理念上不断进步，才能更好地适应社区社会组织发展的新形势和新要求，推动社区治理的现代化和高效化。

第五节　莫愁湖街道社区社会组织政府单一管理的局限性

在政府主导的单一管理机制下，尽管莫愁湖街道社区社会组织的管理得以保持一定的秩序和规范，但其运行过程中也显现出一些值得进一步审视的现象。这些现象不仅反映了管理实践中的细微不足，还揭示了当前机制在面对复杂社区环境时其适应性和灵活性有待提升。

一、管理中的制约机制尚不完善

在莫愁湖街道的社区社会组织管理中，单一管理机制的制约性不足问题显而易见，这种局限性阻碍了组织的高效运作和自主发展。调研中，有社区社会组织的人员提到，在办理审批或咨询时，常遇到管理人员不在办公室的情况，需要多次往返，浪费了大量时间和精力。此外，许多社区活动的策划和执行权也集中在街道管理部门，社区社会组织的自主权受到限制。这一现象反映出，目前的管理机制中，社区社会组织的日常工作在很大程度上取决于管理部门的安排和决策。由于管理部门在组织管理中具有较大的权力，其工作方式和人员事务直接影响到社区社会组织的运作。监督机制不完善使得管理过程过于依赖个人的主观判断，缺乏灵活性。这种情况导致社区社会组织在开展工作时，往往缺乏自主决策的空间和动力，影响了其创新和有效运作。

随着南京市社区建设和社区社会组织快速发展，单一的行政管理模式难以适应新的需求。高度依赖政府指令，而忽视市场机制和组织自身管理能力的发展，会限制社区建设的多样性和有效性。当前的管理框架中，社区社会组织的活动设计和执行大多受制于行政指令，这不仅限制了居民需求的多样化表达，还削弱了组织在社区治理中的自主能力和参与度。

尽管在全国范围内，各地正在积极探索更加科学灵活的社区管理方式，但目前制度化的社区管理体系仍有待完善。在实际操作中，一些政府管理者可能更依赖主观判断而非社区的实际需求，使得组织的自主性受到限制。这种情况下，社区社会组织往往被动执行上级安排，缺乏创新动力，导致内部活力不足、工作效能下降。长期来看，这种管理模式可能导致社区社会组织逐渐失去自主性和适应能力，难以实现自我管理和服务居民的初衷。为了改善这一局面，需要逐步完善和优化管理机制，鼓励多元化管理方式的探索。减少对单一行政命令的依赖，加强社区自主权的运用，推进市场机制和自主管理，促进社区社会组织的健康成长和社区治理能力的提升。

二、管理效率提升空间较大

在莫愁湖街道的社区社会组织管理中，管理效率有较大的提升空间。作为一个承上启下的枢纽部门，社区社会组织的管理不仅涉及管理部门自身的工作，也依赖于多个层面的协同与合作。管理部门的职责在于向社区社会组织传达上级决策、建议和要求，同时对这些组织的工作进行监督，并及时向上级反馈工作情况。因此，维持良好的沟通与互动对于实现有效管理至关重要。然而，目前的管理实践中，这种沟通和互动常常显得不足。调研中，某社区居委会工作人员提到："街道与社区、社区与社区社会组织之间的关系往往停留在简单的指令传达和执行上。街道收到上级下达的公益项目文件后，负责社区社会组织管理的工作人员会将文件转发至各社区，要求在截止日期前提交相关材料。社区在接到通知后，再将文件转发给具体的社区社会组织。"这种层层下达的模式显示出缺乏有效的沟通渠道和机制，导致管理效率低下。

在这种管理模式下，各级之间的信息传递多停留在形式上的"文件转发"，缺乏实质性的互动与反馈。这种单向的沟通方式不仅容易导致信息滞后和误解，还可能引发基层社区社会组织对管理工作的疏远和被动态度。缺乏相应的协调和沟通机制，使得社区社会组织在实际工作中难以有效发挥自主性和积极性，影响了街道整体社区服务的效果和质量。要提升管理效率，街道社区社会组织管理人员需要采取更为主动的姿态，与社区社会组织建立起密切的联系和互动。管理人员应当放下高高在上的姿态，深入了解和掌握辖区内各类社区社会组织的架构、运作程序和服务项目，并积极了解居民的实际需求。通过这种深入的了解，管理者可以有针对性地为不同类型的社区社会组织提供更为精确和高效的服务支持，避免管理工作流于形式。

此外，街道社区社会组织管理者还应掌握各组织的使命、发展定位以及其在社区治理中的优势和不足，以便在管理过程中更灵活地调整策略和方法。只有通过建立起良好的沟通机制，保持信息畅通，管理部门才能够为社区社会组织提供及时有效的指导和支持，增强各方合作的积极性与主动性。在提高管理效率的过程中，管理者应转变角色定位，不仅是监督者和指令下达者，更应成为沟通者、协调者和资源整合者，推动各社区社会组织更好地实现其目标和功能。同时，管理者也应在服务社区社会组织的过程中，不断学习和反思自己的管理方法和能力，通过实践积累经验，并完善工作机制、提升管理效能。

三、管理专业化水平有待提升

长期以来，街道社区社会组织的服务和管理职能主要由各个社区的居委会承担。然而，居委会工作人员的平均年龄为 40 岁，他们在日常工作中需要应对社区内大量的琐碎事务，如居民投诉、社区服务协调、活动组织等，使得他们在处理社区社会组织管理工作时往往分身乏术。这种情况造成了工作分配上的不平衡，使得对社区社会组织管理的重视程度不高，难以达到专业化管理的要求。

对莫愁湖街道社区社会组织管理队伍的调查显示，管理人员的整体文化水平普遍不高。多数人的文化程度为中专、大专或部队转业，拥有本科及以上学历者相对较少。这种学历结构限制了管理人员在应对复杂社区管理任务时的理论基础和知识储备。此外，这些管理人员普遍缺乏系统的专业培训，尤其在社会工作专业理论、社会组织管理理论与方法、社区工作等方面的知识储备明显不足。专业化水平的欠缺直接影响了社区社会组织的管理效果。

首先，缺乏专业背景的管理人员在应对复杂多变的社区问题时，往往难以采取科学、有效的方法，容易依赖个人经验和传统做法，导致管理方式单一，难以适应社区社会组织不断发展的多样化需求。其次，缺少系统的专业培训和理论支持，使得管理人员难以准确把握社区社会组织的核心功能、发展方向和潜在价值，导致在实际工作中缺乏创新意识和专业指导。随着社区建设和社区社会组织的发展加快，管理工作的复杂性和专业化要求也在不断提高。现有的管理队伍专业素养不足，不仅影响了管理效率，还限制了社区社会组织的发展空间。缺乏系统的管理理论和专业知识，使得管理者在面临新的挑战和需求时，常常应对乏力，难以有效推动社区社会组织的良性发展。

要提升管理专业化水平，莫愁湖街道需要加强对社区社会组织管理人员的培养和培训。应有针对性地开展系统的理论学习和技能培训，特别是在社会工作理论、社会组织管理方法、社区治理创新等领域，为管理人员提供必要的知识支持和专业技能。同时，可以引入更多具有高学历和专业背景的人才，以提升管理队伍的整体素质，为社区社会组织的高效管理和可持续发展奠定基础。在此基础上，还需探索更加科学的管理模式，优化管理流程，提升管理的专业化水平。应鼓励管理人员深入了解社区居民的需求和期望，创新工作方法，提升服务质量，确保社区社会组织的管理更加符合现代社区治理的要求和趋势。通过多层次的能力提升和素质培养，逐步建设一支更加专业化、现代化的管理队伍，为社区社会组织的发展提供有力支撑。

第四章

莫愁湖街道社区社会组织管理机制优化实践

在现代社会治理体系日益复杂和多元化的背景下，社区社会组织逐渐显现出其独特的价值和不可替代的地位。莫愁湖街道致力于通过优化管理机制，推动社区社会组织从传统的治理模式向网络化、现代化的治理体系转型。在这一过程中，不仅需要深刻理解优化管理机制的内在意义和外部机遇，还需基于网络化治理的基本条件，探索切实可行的优化路径，并不断反思和评估其实施成效与不足。

第一节　莫愁湖街道社区社会组织管理机制优化的意义

在新时代社会治理体系的重构过程中，社区社会组织的作用日益凸显。优化其管理机制不仅有助于提升社区治理的整体效能，也在推动社会治理现代化、可持续发展和社区社会资本构建等方面发挥着不可或缺的作用。具体而言，优化社区社会组织管理机制在以下四个层面显得尤为重要。

一、优化社区社会组织管理机制是改善社会治理结构的内在要求

在当代社会治理体系中，社区社会组织作为连接政府与民众的桥梁，扮演着越发重要的角色。优化社区社会组织管理机制，已成为改善社会治理结构的内在

要求。这不仅是对传统治理模式的调整与升级，更是对现代治理理念的深化与落实。

首先，社区社会组织在社会治理结构中的定位决定了其管理机制优化的重要性。传统的社会治理结构往往依赖于自上而下的行政指令和政府主导的管理模式。然而，随着社会问题的复杂化和多样化，这种单一的治理模式显现出诸多局限性。社区社会组织的管理机制优化，正是对这些局限性的有效回应。通过优化管理机制，可以赋予社区社会组织更大的自主性和灵活性，使其能够更有效地响应社区内的具体需求和问题，从而弥补宏观治理结构的不足，推动治理模式从单一的行政化管理向多元化、协同化转型。这种转型不仅提升了社会治理的效能，也推动了治理结构的优化与完善。

其次，优化社区社会组织管理机制是提升社会治理结构弹性的关键举措。传统的治理结构往往呈现出刚性特征，缺乏应对复杂和动态社会问题的弹性。通过优化管理机制，社区社会组织可以在治理结构中发挥"润滑剂"的作用，使治理体系更具适应性和灵活性。例如，在应对突发公共事件或社会矛盾时，社区社会组织因其扎根于基层，能够迅速动员资源，采取灵活的应对措施，从而在整体治理结构中增强了应对不确定性的能力。这种治理弹性的提升，使得社会治理结构能够更好地应对各种复杂挑战，维持社会的稳定与和谐。

最后，优化社区社会组织管理机制是实现社会治理结构创新的核心动力。在当前全球化和信息化背景下，社会治理面临着前所未有的挑战和机遇。传统的治理模式已经无法适应迅速变化的信息社会和多样化的居民需求。社区社会组织管理机制的优化，可以推动治理模式的创新，促进政府、社会和市场力量的有机融合，形成多层次、多维度的治理结构。这种创新不仅体现在治理手段和方式的多样化上，更体现在治理理念的转变上——从单向度的控制转向多元共治、从静态的管理转向动态的互动。这种理念上的革新，通过优化社区社会组织的管理机制，进一步促进了社会治理结构的现代化转型。

二、优化社区社会组织管理机制是实现现代化社会治理可持续发展的应有之义

在全球化和城市化进程不断加速的时代背景下，现代社会治理面临着一系列复杂而多样化的挑战。实现可持续发展的社会治理，要求一个更加灵活、高效、包容的治理框架。在此过程中，社区社会组织作为贴近基层的治理单元，其管理机制的优化成为必不可少的环节。这种优化不仅在于提升组织的运作效能，更在于构建一个有机、持久的治理体系，使社会各层面在共同目标下不断调整和进步，从而实现治理的可持续性。

首先，优化社区社会组织管理机制能够促进居民参与，强化社会共识，为可持续发展提供民意基础。社会治理的可持续发展不仅需要制度和资源的支持，更需要广泛的公众参与和社会共识作为基础。优化社区社会组织管理机制，通过健全的参与渠道和反馈机制，能够更好地鼓励居民参与公共事务，增强社区成员的归属感和认同感。这种参与面的扩大不仅能促进公共决策科学性和民主性的提升，还能推动公共服务质量的提高，使社会治理更符合居民的实际需求。在此过程中，社区社会组织通过调动社会各方力量，共同维护和促进社区发展，为社会治理的可持续发展营造和奠定了良好的社会氛围和政治基础。

其次，优化社区社会组织管理机制有助于培育更具弹性和包容性的治理生态。在一个多元化社会中，治理的可持续性离不开广泛的参与和多样的观点交流。优化社区社会组织管理机制，可以有效扩展公众参与的深度和广度，形成一种更具包容性的治理氛围。这种治理生态不是仅仅依靠单一的行政手段，而是鼓励多元主体共同参与决策和实施过程。优化后的管理机制能够更加灵活地吸纳多方意见，进行利益协调，推动各类主体在共同目标下合作共赢。这种多元合作的治理生态有助于减少社会冲突，增进社会凝聚力和共识，为社会的可持续发展营造良好的环境。

最后，优化社区社会组织管理机制能够促进社会创新，推动治理方式的持续改进。现代社会的发展呼唤治理方式不断创新，社区社会组织在这方面具有独特的优势。优化管理机制能够激励这些组织在公共服务供给、社会动员、社区发展

等方面进行创新尝试和实践。通过不断调整和更新管理模式，社区社会组织能够更好地适应新的社会需求和环境变化，成为社会治理创新的重要源泉。这样的创新不仅提高了治理的整体效能，也为其他治理主体提供了经验和借鉴，为社会治理结构的不断优化注入新动力，形成持续改进和演化的良性循环。

三、优化社区社会组织管理机制是增强社会治理效能的关键引擎

在当前社会变革加剧和治理挑战日益复杂的时代背景下，提升社会治理效能已成为各级政府和公共组织的重要目标。社区社会组织作为社会治理的基础单元，其管理机制的优化不仅在于改善自身运作的效率和效果，更在于推动整体治理结构的转型升级。正是在这一背景下，优化社区社会组织管理机制成为增强社会治理效能的关键引擎。

首先，优化社区社会组织管理机制能够更好地建立以数据驱动的决策模式，提高社会治理的智能化水平。在信息化和数字化迅速发展的今天，社会治理越来越依赖于数据的支持和分析能力。通过优化管理机制，社区社会组织可以引入先进的数据采集、分析和反馈系统，将分散的社区信息进行有效整合。这种数据驱动的治理模式，不仅能实时掌握社区内各类事件的发展动态，还能基于数据分析进行科学决策。例如，通过对社区民众需求、风险预警信息的分析，可以提前布局相应的服务和资源，提升治理的前瞻性和精准性。这种智能化的决策方式，有助于减少传统治理模式中的信息滞后和资源浪费问题，从而大幅提高社会治理的效能。

其次，优化社区社会组织管理机制能够激发组织内部的创新活力，推动社会治理模式的转型。现代社会问题日趋多样和复杂，传统的治理方式和工具往往显得捉襟见肘。社区社会组织因其贴近居民的独特位置，能够敏锐地感知社会变迁和居民需求的变化。通过管理机制的优化，可以建立更具弹性和开放性的治理框架，鼓励社区社会组织在基层实践中不断探索创新。比如，社区社会组织可以尝试构建跨领域的合作网络，与科技企业、高校研究机构、非营利组织等联合，开

发新型的社区服务模式或问题解决方案。这种管理机制的优化和创新，不仅打破了传统治理的边界和限制，还为提升社会治理效能注入了源源不断的创新动力。

再次，优化社区社会组织管理机制可以更有效地提升社会治理的公信力和透明度，建立更加稳固的社会信任基础。社会治理的效能在很大程度上取决于治理主体的公信力和公众的信任程度。优化社区社会组织管理机制，通过建立更为透明、开放的运作流程，提升决策过程和结果的透明度，使公众更清楚地了解社区社会组织的工作方法和成效。例如，引入公开的预算管理和问责机制，让社区居民参与到治理过程的监督中，增强其对治理结果的认同感和满意度。这种信任基础的增强，不仅能提升社区居民的参与意愿和积极性，还能减少因信息不对称和不透明带来的社会矛盾和冲突，从而进一步提升社会治理的效能。

最后，优化社区社会组织管理机制有助于提升跨区域、跨组织的协同治理能力。在现代社会，治理问题往往并不局限于某一特定社区，而是涉及更广泛的区域和多元的治理主体。通过优化管理机制，社区社会组织可以建立更为开放和灵活的协同合作平台，与邻近社区或其他治理机构进行信息共享、资源调配和行动联动。例如，在环境保护、灾害应对或公共卫生危机等跨区域问题上，优化后的社区社会组织能够更快速、更有效地形成协同应对的合力。这种跨区域、跨组织的治理协同，能够在更大范围内整合资源和力量，提升社会治理的整体效能。

四、优化社区社会组织管理机制是促进社区社会资本构建的现实需要

在现代社会治理中，社区社会资本作为一种重要的社会资源，直接关系到社区的和谐稳定与发展活力。社区社会资本不仅包括信任、互惠规范和社会网络等无形资产，还体现在社区成员间的合作意愿、参与程度和集体行动能力上。优化社区社会组织管理机制，正是促进社区社会资本构建的现实需要。这是因为这种优化能够有效激发社区内部的互动和信任，强化社会网络的联结，并推动共同价值观和行为规范的形成，最终增强社区的凝聚力和整体效能。

一是优化社区社会组织管理机制能够激发社区成员之间的互动和信任，促进

社区社会资本的积累。社区社会资本的核心在于信任和互惠，这种信任既来自正式制度的保障，也依赖于日常交往和互动中的良好体验。通过优化管理机制，社区社会组织能够提供更加多样化的活动和交流平台，鼓励社区成员积极参与社区事务。例如，设立居民议事会、组织社区文化活动或志愿服务项目等，促进居民在参与过程中建立起相互信任和认同感。这样的机制优化还能够在社区内营造更加开放、透明的氛围，减少信息不对称和误解，避免因缺乏信任导致的社会疏离和冲突，形成良好的社区内部人际关系网络，为社区社会资本的积累提供肥沃的土壤。

二是优化社区社会组织管理机制有助于构建更加紧密的社会网络，增强社区成员间的联系和合作意愿。社会网络作为社区社会资本的重要组成部分，通过连接社区成员，形成更广泛的互动和合作基础。传统的管理模式往往较为封闭、单一，导致社区成员之间的联系松散、互动频率低。而优化管理机制，能够引入更加多元化的网络连接方式，比如通过线上线下相结合的沟通渠道、社区论坛、邻里互助网络等手段，建立起更加紧密的联系。这种优化后的管理机制，能够有效整合社区内部的各类资源，使居民在共同利益和目标下形成更加密切的合作关系，提升社区的集体行动能力和应对外部挑战的韧性，进一步促进社区社会资本的构建。

三是优化社区社会组织管理机制能够强化共同价值观和行为规范的塑造，提升社区的文化认同感和凝聚力。社区社会资本不仅依赖于结构性的联系网络和信任，还需要共同价值观和行为规范的支撑。通过优化管理机制，社区社会组织能够更好地传递和传播社区的核心价值观，引导居民形成共同的行为规范和伦理标准。例如，通过制度化的社区教育和宣传活动，弘扬社区互助、友善和责任感等核心价值观，或通过规章制度明确居民在公共空间的行为规范。这种价值观和行为规范的强化，有助于形成更强的社区文化认同感和归属感，增强社区的凝聚力，进一步促进社区社会资本的建设和积累。

四是优化社区社会组织管理机制能够提高社区社会资本的可持续性和增值性。在现代社会中，社区社会资本作为一种重要资源，不仅需要被积累，更需要被维护和不断增值。通过优化管理机制，社区社会组织可以建立起更为科学和持续的社区社会资本管理体系。例如，通过定期的社区活动和评估机制，及时了解居民的需求和反馈，不断调整和优化活动内容和形式，确保社区成员的积极参与和认同。同时，通过引入绩效评估和激励机制，鼓励社区成员在建设社区社会资本方面创新和贡献。这种动态的管理机制，能够使社区社会资本在时间的维度上不断增值，形成更强的社会凝聚力和更高的社区参与度，为社区的长期发展奠定坚实基础。

优化社区社会组织管理机制不仅是促进社区社会资本构建的现实需要，更是现代社会治理范式转型的重要驱动力。通过深化管理机制的创新，社区社会组织能够在强化成员互动和互信的同时，重塑更具韧性和活力的社会网络，进而引导多元主体共同缔造具有深刻文化认同感和社会凝聚力的公共空间。此外，这种机制优化在保持社区社会资本动态增长的基础上，也为社区在面对复杂挑战时提供了更强的应对能力与内在张力。如此一来，社区不再只是被动的治理对象，而是转化为能够积极回应、适应和引领社会变革的有机体，从而为实现现代社会的可持续发展奠定坚实基础，并为构建更加公正、包容与共赢的社会秩序提供了强大的内生动力。

第二节　莫愁湖街道社区社会组织管理机制优化的机遇

在中国社会治理现代化进程不断推进的时代背景下，社区社会组织的管理机制优化不仅是提升社会治理效能的关键举措，更蕴藏着丰富的发展机遇。当前，中国正处于政治、经济、文化和技术等多重领域迅速变革的历史交汇点，这为社区社会组织的发展创造了有利条件，也为其管理机制的优化提供了坚实基础。从党的全面领导到社会经济的持续跃升，从精神文明的全面建设到数字技术的飞速发展，这些因素共同作用，构成了推进社区社会组织管理机制优化的独特历史契机和战略机遇。

一、中国共产党对社会治理工作的重视奠定了社区社会组织管理机制优化的政治基础

进入新时代，我国社会主要矛盾转变为人民日益增长的美好生活需要同不平衡不充分的发展之间的矛盾，人民群众对住房、教育、就业、医疗、养老、环境等方面的需求不断提高，"社会治理"也正式取代了"社会管理"朝着"共建共治共享"的治理现代化目标迈进。2013 年 11 月，党的十八届三中全会以全面深化改革为主题，在明确全面深化改革总目标是实现"国家治理体系和治理能力现代化"的同时，提出"加快形成科学有效的社会治理体制"，首次以中央全会的形式提出了"社会治理"一词。由社会管理到社会治理，绝不是简单的文字改变，这背后所反映的是我国经济社会结构深刻变革的客观要求和社会治理实践发展的必然选择。习近平总书记对这一变化解释道："治理和管理一字之差，体现的是系统治理、依法治理、源头治理、综合施策。"2014 年 10 月，党的十八届四中全会围绕着全面依法治国的主题，提出了"推进社会治理体制创新法律制度建设"和"社会治理法治化"的要求。2017 年 9 月，习近平总书记进一步指出，社会治理要发展和稳定两手抓，"要坚定不移地走中国特色社会主义治理之路，善于把党的领导和我国社会主义制度优势转化为社会治理优势，不断完善中国特色社会主义社会治理体系，确保人民安居乐业、社会安定有序、国家长治久安"。总的来看，这一阶段的"社会治理"在继承和发展"社会管理"要素的同时，也常常与"国家治理"成对出现，既说明了中国共产党由包含国家的"大社会"向"小社会"观念变化的完成，也反映了新时代社会治理中"社会"和"治理"两条线索的交融。党的二十大报告提出，完善社会治理体系，健全共建共治共享的社会治理制度，提升社会治理效能，为推进社会治理现代化提出了基本方向。2024 年《政府工作报告》提出，切实保障和改善民生，加强和创新社会治理，完善社会治理体系，并对完善社会治理体系进行了具体部署。社会治理是为实现社会公共利益最大化，各相关主体采取制度性或非制度性方式协调社会关系、处理社会事务的活动，是社会建设的重大任务，是国家治理的重要内容。社会治理体系是政府、社会组织、企事业单位和公民个人等多方参与、协同作用、各负其责，共

同推动社会安定有序、公平正义以及人民安居乐业的一种体系。优化社区社会组织管理机制是深入推进国家治理体系和治理能力现代化的必由之路。

二、社会经济发展取得的巨大成就奠定了社区社会组织管理机制优化的物质基础

在现代化国家建设进程中，社会经济的发展和繁荣为治理结构的优化和变革奠定了物质基础。尤其是在中国，近年来取得的巨大社会经济成就，为社区社会组织的管理机制优化提供了强有力的支持和保障。社区社会组织作为社会治理体系中的重要环节，其管理机制的优化离不开物质资源的支撑，而这种支撑正是得益于社会经济发展所带来的物质条件的极大改善和充实。

首先，经济发展的红利释放为社区社会组织吸纳多元化资源提供了平台和渠道。随着社会经济不断发展，企业、社会组织和个人的财富也得到了极大增长，这为社区社会组织吸引社会资金、募集公益资源提供了前提条件。各种形式的公益基金、企业捐赠、社会投资、志愿服务的增多，为社区社会组织提供了更为多样化和灵活性的资源支持。这种多元化资源的流入，打破了社区社会组织依赖单一资金渠道的局限，使其能够在更大范围内开展服务和治理工作，满足居民多样化需求的同时，增强自身的社会影响力和可持续发展能力。

其次，社会经济的巨大成就带来了社会结构和需求的深刻变化，催生了社区社会组织管理机制优化的需求和动力。经济的发展带来了社会生活水平的普遍提高，同时也使得居民对公共服务和社会福利的需求日益多元和复杂。面对这种多样化的需求，社区社会组织需要不断优化自身的管理机制，以更高效地配置资源、更敏锐地回应居民需求。这种需求变化，推动社区社会组织在管理机制上寻求创新和优化，包括引入新的管理模式、应用现代化的管理工具和技术手段，以便更有效地提升服务水平和治理能力。

最后，社会经济的持续发展为社区社会组织的可持续发展和管理机制优化提供了稳定的预期和长远的规划基础。在经济繁荣的背景下，政府和社会各界对社区治理和公共服务的投入和重视力度不断加大，这为社区社会组织的长远发展提

供了良好的预期和信心。社区社会组织因此可以在相对稳定的经济环境下，制定更加长远和科学的发展规划，探索更加持续的管理机制优化路径，如优化财务管理模式、加强绩效评估和反馈机制、提升组织内部管理和决策效率等。这种长远规划和持续优化，进一步提升和增强了社区社会组织在治理中的地位和作用。

三、精神文明建设奠定了社区社会组织管理机制优化的精神基础

精神基础是指个体或群体在文化、价值观、信仰、习俗和伦理道德方面的综合积累和传承，这些因素共同构成其行为模式和思维方式的核心。对于优化社区社会组织管理机制而言，精神基础包括文化认同、价值共识、道德规范和社会责任感等因素的综合作用，使社区成员在共同的精神追求和行为准则下，自觉参与社区事务，增强合作意识，形成高度凝聚力和向心力，为社区社会组织的高效运转和持续发展提供了强大的精神支持和内生动力。习近平总书记指出："我们要建设的社会主义现代化强国，不仅要在物质上强，更要在精神上强。精神上强，才是更持久、更深沉、更有力量的。"新时代精神文明建设以满足人民美好精神生活需求为导向，取得了实质性进展与历史性成就。具体表现在：

第一，开展中华优秀传统文化传承工作，增强了精神文明建设的传统文化内核。在新时代背景下，精神文明建设已成为提升社会治理效能的重要战略之一，而中华优秀传统文化传承工作为精神文明建设提供了坚实的文化内核。这种文化内核不仅体现了中华民族深厚的历史积淀和文化底蕴，还为社区社会组织管理机制优化提供了精神支撑和价值导向。通过弘扬中华优秀传统文化，社区社会组织可以在更深层次上凝聚民心、增强认同感，形成和谐共治的良好社会环境，从而提升社会治理的整体效能。

中华优秀传统文化为社区社会组织管理机制优化提供了丰富的价值资源。在中国数千年的文明史中，积淀了大量体现和谐共生、仁爱友善、勤俭自强的价值观念，这些观念构成了中国社会文化的核心内容。通过传承这些文化精髓，社区社会组织能够在管理实践中将"仁爱""诚信""和合"等传统价值融入组织管

理和社区互动中，促进社区成员之间的相互信任与合作。以"和谐"文化为核心理念的治理模式，能够更好地协调社区内不同利益群体之间的关系，减少冲突与对立，形成有序的社会治理结构。这种价值引导不仅提升了社区社会组织的治理效能，也推动了整体社会和谐氛围的形成。

传承中华优秀传统文化为社区社会组织的管理机制创新注入了文化活力。传统文化中的"家国情怀""集体主义精神"和"崇德向善"的道德观念，为社区成员的行为规范和价值判断提供了重要依据。在具体实践中，社区社会组织可以通过多种文化传承活动，如举办文化讲座、民俗展览、传统节日庆祝等，营造浓厚的文化氛围，增强社区成员对传统文化的认同感和归属感。这种文化活力的注入，有助于提升社区成员的集体意识和公共精神，使他们在参与社区事务时，更具责任感和主动性，从而促进社会治理的良性循环和可持续发展。

中华优秀传统文化的传承工作强化了社区社会组织在居民日常生活中的文化服务功能。中华优秀传统文化包含了丰富的道德规范、行为准则和人际交往原则，这些内容对于现代社区治理具有重要的指导意义。例如，"尊老爱幼""邻里互助"等传统美德，能够促进邻里之间的和睦相处，构建和谐的社区关系。社区社会组织可以通过开展多种形式的文化教育和宣传活动，将这些优秀传统美德融入社区治理实践，使其成为社区成员日常生活的一部分。这不仅提升了社区社会组织在文化服务方面的功能和地位，还使得传统文化在现代社会治理中得到更广泛的传承和发扬。

中华优秀传统文化的传承工作为社区社会组织提供了稳固的伦理道德基础。在传统文化中，崇尚"德治"的理念被视为治国安邦的根本，同样适用于社区治理。通过弘扬"诚实守信""勤俭节约""公道正派"等传统伦理道德观念，社区社会组织能够有效提升其管理的道德水平，增强社区成员的道德自觉和行为规范意识。这种伦理道德基础，不仅是精神文明建设的重要组成部分，也是社区社会组织在治理过程中实现公平、公正、公开原则的重要保障。

此外，开展中华优秀传统文化的传承工作，还能够增强社区社会组织的凝聚力和向心力。通过系统性地推广和弘扬传统文化，社区社会组织能够将不同背景、不同经历的社区成员紧密团结在共同的文化认同之下，减少分歧和隔阂。文化认同是社会治理的黏合剂，通过传统文化的熏陶和教育，社区成员之间能够形成更加紧密的精神纽带，增强对社区的归属感和责任感。这种归属感和责任感，有助于减少社区治理中的摩擦与冲突，提高社会治理的整体效能和稳定性。

第二，积极开展培育和践行社会主义核心价值观的行动。在新时代背景下，社会主义核心价值观的培育和践行已成为精神文明建设的重要内容和方向，对社区社会组织管理机制优化提供了重要的精神基础。社会主义核心价值观作为国家的主流意识形态，承载着国家和民族的理想追求和精神归属，其内容涵盖了富强、民主、文明、和谐这一国家层面价值观，包含自由、平等、公正、法治这一社会层面价值观，也包括爱国、敬业、诚信、友善这一个人层面价值观。这些核心价值观不仅是社会治理的理念基础，也是社区社会组织管理机制优化的价值导向，能够有效推动社区社会组织的规范化、科学化和现代化发展。

首先，培育和践行社会主义核心价值观为社区社会组织管理机制优化提供了明确的价值指引。社会主义核心价值观以其丰富的内涵和高远的理想，为社区治理注入了强大的精神动力。在实践中，社区社会组织通过宣传和教育，将核心价值观的内容深入居民心中，使其成为居民日常生活的行为准则和道德标杆。例如，通过组织学习会、座谈会、文化活动等形式，社区社会组织能够在居民中广泛传播"诚信、友善"等价值理念，逐渐形成以"和谐"为核心的社区治理文化。这种价值引导不仅增强了居民的社会责任感和主人翁意识，还促使他们积极参与社区事务管理和公共服务，从而推动管理机制更加民主化和多元化。

其次，社会主义核心价值观的深入培育和践行，为社区社会组织管理机制优化营造了良好的文化氛围。在现代社区治理过程中，文化认同和价值共识是实现有效治理的重要因素。通过积极宣传和实践社会主义核心价值观，社区社会组织可以更好地构建社区内部的文化认同感，增强居民之间的信任和合作。例如，在面对社区发展中的公共事务和复杂矛盾时，核心价值观中的"平等、公正、法治"等理念能够成为调解矛盾、化解冲突的指导原则，促进社区成员之间的相互理解与尊重。这种基于共同价值观的文化氛围，为社区社会组织管理机制优化创造了更为有利的环境，有助于形成和谐共治、共同参与的社会治理格局。

最后，社会主义核心价值观的践行推动了社区社会组织的创新与发展。在核心价值观的指导下，社区社会组织可以更加自觉地进行自我革新和机制优化，探索符合时代要求的管理模式和服务形式。例如，基于"民主"和"法治"的价值理念，社区社会组织可以推进治理结构的民主化和法治化，增强社区成员的参与感和自主性。同时，围绕"文明"和"和谐"的社会追求，社区社会组织可以开展各类文化活动和公益服务，促进社区的文化繁荣和社会和谐。这种创新不仅使社区社会组织的管理机制更加完善和高效，也提高和增强了其在社会治理中的地位和影响力。

第三，广泛开展社会公德、职业道德、家庭美德和个人品德教育，引导社区成员树立正确的道德观念和行为规范，形成和谐向上的社区文化氛围。在新时代的社会治理框架下，社区作为社会的基本构成单元，其管理效能直接影响着国家治理体系和治理能力的现代化水平。广泛开展的社会公德、职业道德、家庭美德和个人品德教育，成为精神文明建设的重要内容。这种教育活动不仅在道德层面上为社区治理注入正能量，还通过营造和谐向上的社区文化氛围，为社区社会组织管理机制优化提供了坚实而深厚的精神基础和价值支撑。

首先，广泛开展社会公德教育提升了社区成员的公共意识和责任感，为社区社会组织管理机制优化奠定了道德基础。社会公德教育主要包括公共场所的行为规范、文明礼貌、遵守秩序等内容，这些行为规范对社区成员的公共生活具有重要的指导作用。通过广泛开展社会公德教育，社区社会组织引导居民在公共场所自觉维护公共利益，减少不文明行为的发生，提高公共空间的和谐美好。通过设立公德宣传栏、组织志愿者活动、开展文明社区评选等方式，能够在潜移默化中提升居民的公共道德水平，形成良好的公共行为习惯。这种道德自觉不仅有助于减少社区管理中的摩擦与矛盾，还能够增强社区的整体秩序感和安全感，为管理机制优化提供稳定的基础。

其次，职业道德教育在社区社会组织管理机制优化中发挥着独特的作用。职业道德是个体在职业活动中应遵循的道德原则和行为规范。通过对社区成员进行职业道德教育，可以增强他们的职业责任感和服务意识。通过在社区内开展职业道德讲座、设立职业楷模宣传栏等活动，社区社会组织能够激励社区成员在各自的工作岗位上遵守职业道德、弘扬敬业精神。这种职业道德教育不仅促进了社区成员在职业领域内的良好行为，也强化了他们在社区事务中的合作精神和服务意识，为社区社会组织的高效运转和管理机制优化注入了积极的职业伦理力量。

再次，家庭美德教育通过弘扬家庭和睦、孝亲敬老、邻里互助等传统美德，增强了社区成员的家庭责任感和社会参与感，为社区文化建设提供了源源不断的精神动力。家庭是社会的基本单元，家庭美德教育能够使社区成员在家庭生活中形成良好的道德习惯，并将这种美德延展到社区生活的各个方面。例如，通过举办家庭教育讲座、设立社区家庭文化节等活动，社区社会组织能够有效促进居民家庭内部和谐，进而营造社区的整体文化氛围。这种良好的家庭美德的传承，不仅提升了社区的和谐程度，还增强了居民之间的互信和合作意愿，为社区社会组织管理机制优化创造了良好的社会环境。

最后，个人品德教育是道德建设的基础，也是社区社会组织管理机制优化的关键环节。个人品德包括诚实守信、友善互助、自律自强等内容，是个体在社会生活中行为规范的体现。通过在社区广泛开展个人品德教育，社区社会组织能够帮助居民树立正确的价值观和行为准则，减少不良行为的发生，提高社区的整体道德水平。通过组织品德模范评选、设立榜样人物宣传栏等形式，激励更多居民培养良好的个人品德，形成崇尚道德、争做模范的社会风尚。这种品德教育的强化，有助于在社区内部形成一个正向激励的机制，使得每个社区成员都能自觉维护社区利益、遵守社区规则，进而推动管理机制的优化。

通过引导社区成员树立正确的道德观念和行为规范，推动社区社会组织能够在更高层次上凝聚共识，形成和谐向上的社区文化氛围，从而为管理机制的优化提供强大的精神支持和正确的价值导向。这种道德教育的深入推进，必将为社区治理的现代化、规范化和可持续发展奠定更加坚实的基础。

四、数字智能技术蓬勃发展奠定了社区社会组织管理机制优化的技术基础

在现代社会治理转型过程中，数字智能技术迅猛发展为社区社会组织管理机制优化提供了强有力的技术支撑。随着大数据、云计算、物联网和人工智能等

新一代信息技术广泛应用，社区社会组织的管理手段和治理模式正在经历深刻变革。这一技术进步不仅提升了社区治理的效率和精准度，还为构建更加科学、开放和可持续的社区管理体系奠定了坚实的技术基础。数字智能技术的应用，不仅改变了传统的社区治理模式，还为社区社会组织管理机制优化提供了前所未有的创新机会和发展空间。

数字智能技术的普及应用使社区治理变得更加高效和精准。传统的社区治理往往面临信息收集困难、决策滞后、资源分配不均等问题，而数字智能技术的引入为解决这些问题提供了新的可能。通过大数据技术，社区社会组织能够实时收集和分析大量的社区数据，如居民的需求信息、社区治安状况、公共设施使用情况等。这种数据驱动的管理方式，使得社区社会组织可以更加精准地识别问题、定位需求，从而有针对性地制定和调整治理方案。数字智能技术不仅加快了信息的收集和反馈速度，也显著提升了决策的科学性和有效性，减少了传统管理模式中常见的资源浪费和低效问题。

数字智能技术促进了社区社会组织的开放与透明。现代社会对治理过程的公开性和透明度有着更高的要求，数字智能技术为社区社会组织的透明化管理提供了强大的技术支撑。通过构建信息化平台，如社区智慧管理系统、居民参与平台和公共事务在线监督系统，社区社会组织可以将公共决策、资金使用、项目进展等重要信息及时向居民公开，提高和增强管理的透明度和公信力。居民可以通过这些平台参与决策过程、提出建议和意见，实现信息的双向互动。这种开放的管理模式不仅提升了社区居民的参与感和归属感，也有助于构建更加公正、民主的治理结构，推动管理机制的持续优化。

数字智能技术推动了社区社会组织的服务创新和多元化发展。数字智能技术的应用，使社区社会组织能够提供更加多样化、个性化的社区服务。例如，通过物联网技术，可以实现社区公共设施的智能化管理，如智能门禁、智慧安防、智能垃圾分类等，提高了社区服务的便利性和安全性。此外，人工智能技术的应用，如智能客服系统、虚拟助手等，也使得社区社会组织能够更快速地回应居民的需求，提供个性化的服务体验。这种技术驱动的服务创新，不仅提高了社区服务的质量和效率，也增强了社区居民对社区社会组织的信任和依赖，为管理机制的进一步优化提供了有力支持。

数字智能技术还推动了社区社会组织的跨界合作和资源整合能力的提升。在数字化平台的支持下，社区社会组织能够更加便捷地与政府机构、企业、非营利组织等各类社会主体进行沟通和协作，实现资源的高效整合和共享。例如，通过大数据平台，可以更好地整合社区内部的各类资源，如志愿服务力量、社会捐赠、公共设施等，形成高效的资源配置机制。这种跨界合作的深化，使社区社会组织能够充分利用外部资源和力量，更加灵活地应对复杂的治理挑战，提高社会治理的整体效能。这种资源整合和共享机制，有助于减少治理过程中的资源浪费和冗余，提升管理机制的运作效率。

数字智能技术的应用为社区社会组织的管理模式创新提供了广阔空间。在信息技术的推动下，传统的自上而下的单一治理模式正在向多元主体协同治理模式转型。通过数字智能技术构建的社区智能管理平台，不仅可以实现政府、社区组织、居民和其他社会主体的协同治理，还可以根据实时数据和居民反馈进行自我调整和改进。例如，基于大数据和人工智能技术的预测分析功能，社区社会组织能够预判风险、优化治理流程，确保决策的前瞻性和适应性。这种智能化管理模式，不仅提升了治理的精准度和效率，还为未来的管理机制提供了更加灵活和智能的选择。

从提升管理效率和精准度、推动开放与透明、促进服务创新和跨界合作，到支持管理模式创新，数字智能技术为社区社会组织的管理机制优化提供了全方位的支持和保障。在未来，随着数字智能技术不断进步和普及，社区社会组织将迎来更多创新的可能性，推动社区治理走向更加科学化、智能化和可持续化的新阶段。

第三节　社区社会组织实行网络化治理的基础

在全球化与信息化深度交织的时代背景下，社区社会组织的网络化治理成为提升其治理效能的必然选择。网络化治理的本质在于通过信息互联、资源共享和协同运作，构建起一个多层次、多维度的社会治理体系。然而，这一复杂的治理体系不仅需要技术上的支持，更需要深厚的信任基础、有效的协调机制、全面的资源整合能力以及持续的维护力量作为支撑。这四个方面相辅相成，共同构成了网络化治理的基石，决定了社区社会组织在现代社会中能否实现长期、稳健的发展。

一、信任基础

在社区社会组织的网络化治理中，信任作为一种基础性要素，为这一治理模式的运行提供了不可或缺的支持。网络化治理要求各主体之间建立起一种稳定且持久的相互依赖关系，而信任正是构建这种关系的核心要素。信任在此不仅作为一种情感依赖和认知判断，还承担了确保合作有效性、减少摩擦与冲突的重要功能。它既是一种社会资本，也是促进多元主体在共同治理框架下互动的基础。

信任的根本特性在于它能够减少不确定性。在网络化治理的复杂系统中，各主体彼此之间的行为和决策通常具有高度的不可预测性。如果没有信任，任何一方都可能因为担心其他主体的行为不符合自身预期而选择保守、退缩，甚至完全退出合作。信任的存在使得各主体可以在面对信息不完全和未来不确定的情况下，依然愿意进行资源投入和信息共享。信任以一种无形的力量，促使各方相信对方在执行共同目标时的真诚与能力，从而更愿意为实现长期的治理效果而共同努力。信任作为一种基础性要素，还具有重要的稳定作用。在网络化治理体系中，稳定性是实现长期合作和共同目标的关键。信任通过在多元主体之间建立一种认同感和安全感，助力减少彼此之间的猜疑和防范心理，从而避免冲突的发生和合作的中断。信任所带来的安全感不仅可以确保各主体在合作过程中保持积极互动的态度，还能防止短期利益纠纷对长远合作目标的破坏。更重要的是，信任能够在面对突发挑战或外部冲击时，促使各主体保持冷静和理性，快速达成共识，共同应对危机，从而增强治理体系的韧性。

信任还能够降低管理成本。在没有信任的环境下，各主体往往会花费大量的时间和资源进行监督、评估和契约执行等操作，以确保合作的公平性和有效性。然而，这种方式不仅耗费巨大，还可能进一步加剧彼此间的不信任感。而在信任充足的环境中，各主体之间的互动更多地建立在互信的基础上，不需要过多的监控和检查，合作可以更为直接和顺畅。信任减少了形式化的约束和制度性的负担，提高了合作的效率和灵活性，使得网络化治理更能适应多变的现实环境。信任在社区社会组织的网络化治理中扮演了至关重要的基础性角色。它不仅作为一种减少不确定性的机制，保障了各主体在不确定条件下的合作意愿和决策合理性，还通过其稳定和低成本的特性，为治理体系的长期健康发展提供了重要支持。唯有在信任基础上，各方才能真正实现深度合作，推动网络化治理的各项机制得到充分发挥，从而实现更加高效和可持续的治理目标。

二、协调基础

在社区社会组织的网络化治理中，协调基础作为治理体系的一项核心机制，承载了保障多主体互动有序性、有效性和可持续性的功能。协调基础不仅是保证各方参与者在网络化结构中达成共识的关键环节，更是实现合作目标、优化决策过程和维护整体治理系统平衡的必备条件。

一是协调基础应当被理解为一种复杂的制度性安排，它不仅涉及制定明确的规则和程序，还包含了行为准则和决策框架的构建。在网络化治理的环境中，各主体可能存在相互竞争的利益和多样化的目标，这种多样性和复杂性使得治理过程往往充满不确定性和挑战。因此，协调基础的首要任务是通过制度化设计，建立一套兼具灵活性和约束力的规则体系。这个体系应明确各方的职责与权限，规范参与者的行为路径，并提供必要的决策支持工具，以确保各方都能够在相对稳定和可预测的框架内开展协作。规则的明确性和程序的规范性，有助于减少摩擦和冲突、降低治理成本，并在无形中形成一种内部调节机制，使多元主体在治理实践中保持相对的一致性和方向性。

二是协调基础的核心功能在于促进决策过程的优化。在网络化治理中，各主体之间的有效沟通和信息交流是提升决策质量的重要因素。协调基础通过建立多样化的沟通机制和反馈渠道，确保各主体在决策过程中可以充分表达意见、分享信息和达成共识。具体来说，协调机制应提供多层次、多维度的信息共享平台，以减少信息不对称和决策盲点。例如，通过引入跨部门或跨组织的联合决策委员会、定期协商会议、工作小组等多种形式，促进各方在同一信息基础上参与决策过程，从而提高治理方案的科学性和可操作性。学术研究表明，这种决策过程的优化有助于增强治理网络的整体适应力，使其能够更加灵活地应对复杂多变的外部环境。

三是协调基础在保障治理网络的动态平衡方面发挥着关键作用。网络化治理要求多元主体在合作过程中不断调整和优化自身行为以适应系统整体的变化，这种动态平衡需要协调基础提供持续的支撑。在这一过程中，协调基础不仅要解决当前的合作问题，还需要预见潜在的矛盾和冲突，通过设计前瞻性的协商和调解机制，提前应对可能出现的挑战。例如，通过设立专门的冲突解决委员会或调解小组，制定冲突解决的程序和预案，可以确保各主体在面对利益分歧时能够迅速找到妥协和达成共识的途径，从而维持治理体系的稳定性和持续性。协调基础的这一功能显著增强了网络化治理的弹性和恢复力，使其能够更有效地应对内部和外部的冲击和挑战。

四是协调基础的建立还涉及跨界整合能力的提升。在多元主体参与的网络化治理中，主体间的边界往往是模糊的，彼此的职责和资源也存在一定程度的重叠和冲突。因此，协调基础需要具有跨界整合的能力，即通过合理的机制设计和策略选择，实现各主体功能和资源的最佳匹配和最优利用。这种跨界整合能力不仅要求各主体在规则框架内保持自主性和灵活性，同时也要求它们能够通过合作和协同，实现整体效能的最大化。在这个意义上，协调基础是网络化治理实现资源效益最大化和功能互补最优化的核心工具，是突破传统治理模式局限、实现创新性发展的重要保障。

三、整合基础

在社区社会组织的网络化治理中，整合基础作为一种核心机制，旨在通过整合多元主体的资源、信息和功能，实现治理效能的优化和提升。

根据资源依赖理论，任何组织的生存和发展都依赖于对外部资源的获取和控制。在网络化治理中，各主体无法单独完成所有治理任务，必须通过互补和协同来优化资源配置。这种资源整合通过建立网络关系和多层次的合作机制，使各主体能够突破其资源限制，充分利用网络内外的资源。整合基础包括了一系列机制，如共享平台、联合投资和合作开发等，旨在优化资源的使用和配置，减少重复建设和资源浪费，从而提升治理的整体效率和效能。通过这些机制，各主体能够在资源稀缺的环境下实现最佳的资源整合，从而增强治理网络的适应能力和生存能力。

网络化治理中的多元主体具有不同的目标、文化和行为模式，整合基础需要在这些差异中寻求共识并促进合作。整合基础通过建立规范化的行为准则和流程化的协作机制，使得各主体在明确自身角色和职责的基础上，能够在更高效的框架下实现协作。这种整合机制不仅包括正式的合作协议和规章制度，还涵盖非正式的网络关系和社交资本的构建。通过这些机制设计，整合基础能够促进信任和合作意愿的建立，提高各主体在网络化治理中的参与度和协同性，确保治理过程的有序和可控性。

整合基础在网络化治理中的功能表现为一种动态适应和反馈调节机制。在现代社会的复杂环境中，治理体系必须具备高度的适应性和弹性，以应对不确定性和复杂性。整合基础通过建立灵活的合作框架和动态调节机制，使治理网络能够及时响应内部和外部环境的变化。这种动态调节机制不仅体现在资源和信息的整合上，还包括治理策略和方法的调整与优化，以确保治理网络的持续适应性和稳健性。

四、维护基础

在社区社会组织的网络化治理中，已有的制度为确保治理网络的连续性、稳定性和有效性提供了重要支撑，维系了多元主体间的互动关系，并增强了治理体系的适应力和弹性。在网络化治理中，制度化的监督与问责体系构成了已有维护基础的重要组成部分。该体系的存在旨在通过一系列明确的行为规范和审查机制，确保治理主体的行为与整体治理目标保持一致。这种监督与问责体系不仅体现为定期的绩效评估和内部审计，还包括行为准则的设定和违规处理程序的建立。这些制度构成管理机制优化的基础，是因为它们为网络化治理提供了一个清晰的运作框架，确保各主体在协作过程中始终遵循既定的规则和规范。通过持续的监控与反馈，这些机制能够有效减少治理过程中的不确定性和道德风险，从而提高合作的透明度和合规性。这种制度化监督还可以通过构建一套有效的奖惩机制，激励积极行为和制约消极行为，从而促进治理体系的自我调节和不断优化。

风险管理和应急响应体系构成了已有维护基础不可或缺的一部分。在多元主体参与的网络化治理中，外部环境的高度不确定性和内部操作的复杂性使得风险管理成为必要。已有的维护基础通过建立全面的风险评估、监测和预警系统，以及多层次的应急预案和反应机制，来应对可能的危机和突发事件。通过建立规范化的风险识别和应对策略，治理网络可以在危机发生时迅速作出决策，协调各方力量进行资源调配和策略调整，从而降低风险对治理目标的负面影响。学术研究表明，具备强大风险管理能力的治理体系往往能够在复杂多变的环境中保持稳定和连续的运行。

社区社会组织网络化治理的已有维护基础并不是静态的保障措施，而是一个动态调整和优化的过程。这些基础在实践中超越了单一的治理功能，通过构建多层次、多元化的监督与问责体系，维系并深化信任关系，优化资源配置与整合机制，以及强化风险管理与应急响应能力，为网络化治理提供了一个自我进化、自我完善的系统框架。这种框架不仅支撑了现有治理结构的稳健性和有效性，还为未来的治理创新和变革奠定了基础。在更深层次上，这些维护基础体现了社区社会组织治理从封闭的、静态的管理模式向开放的、动态的网络化治理模式的转变。通过不断优化这些已有的维护基础，网络化治理得以在复杂多变的社会环境中保持高度的弹性和适应性。它们不仅确保了各主体间的有效协作和资源共享，还通过持续的机制创新和制度完善，为未来治理模式的演化提供了丰富的路径依赖和多样化的可能性。因此，维护基础的不断优化，既是对当前治理模式的巩固与深化，也是社区社会组织实现可持续发展与长期繁荣的关键驱动力量。

第四节　网络化治理视角下莫愁湖街道社区社会组织管理机制的优化实践

随着社会结构日益多元化与公共治理需求不断升级，莫愁湖街道在网络化治理的宏观背景下，积极探索社区社会组织管理机制的创新实践，以期增强社区凝聚力和治理效能。通过系统化和网络化的治理框架，该街道寻求突破传统治理模式的局限，构建更加灵活、高效、互动的管理体系。为此，莫愁湖街道的实践探索着眼于三个关键路径：一是成立社区社会组织联合会，通过建立平台化运作机制，促进社区社会组织间的资源共享与合作共赢；二是实现管理主体多元化，吸纳多方力量共同参与治理，推动形成全社会共建共治共享的治理格局；三是建立社区社会组织管理多元合作机制，强化跨组织、跨部门的协同联动，提升整体治理的综合效能。

一、成立社区社会组织联合会

（一）社联会概况

为大力培育发展社区社会组织，使其发挥重要作用，推动社区治理体系的建设、社会治理重心向基层下移以及建设共建共治共享社会治理新格局，在建邺区区委区政府、民政局以及莫愁湖街道党工委办事处的大力支持及指导下，南京市四月天社会工作服务中心、南京市建邺区朝阳公益服务中心、南京市建邺区悦华茶亭居家养老服务中心、南京市达仁社会工作服务中心、南京市建邺区莫愁湖残疾人康复托养中心五家社会组织作为发起单位成立莫愁湖街道社区社会组织联合会。社联会的原则是"服务、规范、发展"，致力于社区社会组织的孵化和培育以及对社区社会组织的规范化管理，发挥专业优势引导和促进社区社会组织健康发展。同时，社联会作为桥梁和纽带，在政府和社区社会组织之间发挥着整合资源和落实社区服务的作用，是南京市加快社区建设的重要参与者。

社联会的业务范围包括为社区社会组织提供咨询服务和专业指导、引导和扶持社区社会组织健康发展、维护社区社会组织权益、加强会员单位诚信自律规范建设和党建工作。

社联会作为介于政府和社区社会组织之间的重要中介力量，其存在不仅弥补了政府和市场在服务供给方面的不足，也为提升社区治理的科学性和有效性开辟了独特的路径。首先，政府在制定和执行公共政策时往往以大方向为主，致使部分政策和活动无法真正反映社区居民的实际需求。社联会作为一种灵活的民间组织，凭借其扎根社区的群众基础和直接与社区居民接触的优势，能够在政府和社区之间充当有效的沟通桥梁，确保政府的决策更贴近社区的实际情况，更符合居民的真实意愿，从而促进决策过程的科学化和民主化。其次，社联会因具备专业知识和丰富的实践经验，在具体服务和活动的开展过程中能够及时发现存在的问题，并对其进行科学、客观的评估。这种评估不仅包括对活动效果的分析，还涵盖了对活动的设计合理性和执行过程中改进空间的评价。基于此，社联会能够向政府和社区提供及时、有效的反馈意见，确保后续活动不断优化和提升。通过这种双向互动，社联会帮助政府更好地了解基层需求，也让社区社会组织的管理变得更加透明和高效。

社联会不只局限于服务社区，还在政府购买服务的模式下，成为承接某些政府项目的主体。传统上，政府在提供公共服务时，受制于其官僚性和行政化运作的特点，往往存在管理效率低下、对社区需求响应不及时等问题；市场在提供类似服务时，又由于其逐利本性，难以兼顾社区居民的多样化需求和长远利益。在此背景下，社联会承接政府转移的部分职能，通过更加灵活的机制、更低的成本和更高的服务质量，弥补了政府和市场的不足。这不仅有助于政府转型、降低服务成本，同时也确保了服务的针对性和有效性，从而推动了社区社会组织的全面发展。通过承接政府项目，社联会不仅能够扩展自身的服务领域和能力，还在政府与社区之间建立起更加稳固和高效的合作关系。一方面，社联会的存在为政府提供了一种更为柔性和精准的治理工具，使得政府可以借助社联会更好地理解和响应基层的需求，从而在不增加自身负担的情况下提升和扩大公共服务的质量和覆盖面。另一方面，社联会作为一个植根于社区、服务于社区的组织，通过吸纳和整合多元主体的力量，促进了社区社会组织的多元化发展和资源的合理配置。

在这种背景下，莫愁湖街道的实践进一步凸显了社联会在网络化治理框架下的独特作用。为破解传统社区治理模式的困境，莫愁湖街道积极探索并推动社联会的成立，赋予其在管理社区社会组织中的重要角色。这一举措不仅为街道治理注入了新的活力，也为其他社区提供了可供借鉴的经验和模式。通过社联会的建立，莫愁湖街道得以充分利用社联会的桥梁功能和专业能力，使得社区治理更加贴近居民需求、更具弹性和适应性。

通过构建起这种新型的治理结构，莫愁湖街道不仅提升了社区治理的科学化水平，也为社区社会组织的发展开辟了新的空间和路径，为实现更加公平、高效和可持续的社会治理奠定了坚实基础。总之，社联会的成立和发展在网络化治理视角下，既是对传统治理模式的突破，也是对社区治理现代化的有益探索。

（二）网络化治理视角下社区社会组织管理机制优化的具体实践

社联会管理工作内容如图4-1所示。在构建社区社会组织网络化治理新格局的过程中，社联会结合M街道社区社会组织发展的实际情况，围绕以下内容开展管理工作。

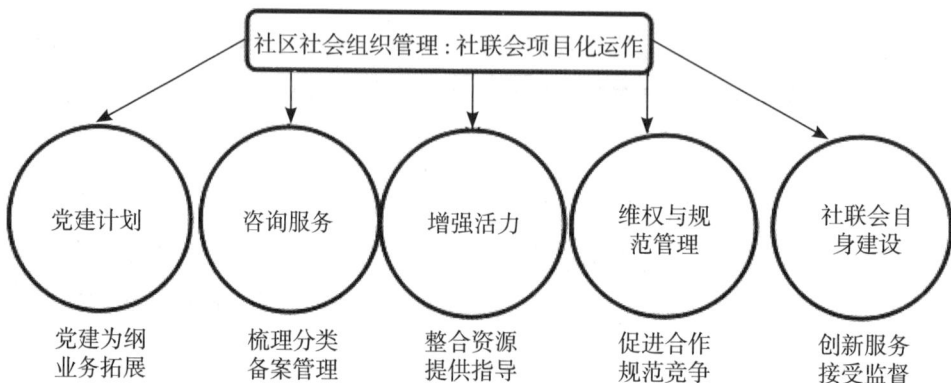

图4-1　社联会管理工作内容

1. 成立党组织和党建工作站

在网络化治理视角下，社区社会组织的管理机制优化需要从多方面入手，其中建立党组织和党建工作站是关键举措之一。莫愁湖街道社区社会服务中心在社联会的推动下成立了党建工作站，并配备专职社会工作者，以支持街道的党建工作和社区社会组织的党建发展。这种措施不仅是对党的方针政策的贯彻落实，也为社区社会组织的健康发展提供了强有力的政治保障。

一方面，党建工作站作为党的基层组织，在推动党的路线、方针和政策进入社区社会组织中发挥了重要作用。社联会通过党建工作站深入宣传党的政策和国家法律法规，确保社区社会组织和党员群众在行动上严格遵守国家法律和党的纪律，树立良好的社会公德和法治观念。通过强化意识形态教育和政策宣传，党建工作站将党的核心价值观融入社区社会组织的日常运作中，从而引导社区社会组织和党员群众在思想和行为上与党保持高度一致。另一方面，社联会的党建工作站注重引导和监督社区社会组织依法依规开展工作。在具体实践中，党建工作站通过培训和定期检查，督促社区社会组织及其成员依法执业、诚信从业，增强其法治观念和合规意识。这种监督机制不仅防止了不正当行为的发生，还增强了社区社会组织的内部治理能力和外部公信力，形成了一个有序、规范的运营环境，有效促进了社区的和谐稳定。

此外，社联会的党建工作站在自身建设上也采取了多项优化措施，以确保党建工作取得实效。在组织结构方面，社联会不断优化自身的组织架构，明确职能分工，确保工作高效有序开展。同时，通过建立健全工作机制和严格执行组织生活制度，党建工作站保障了党组织的规范运作和党员的积极参与。特别是在维护和执行党的纪律、监督社联会党员履行义务方面，党建工作站始终保持高度重视，确保党员在工作和生活中起到模范带头作用。党建工作站还注重通过创新方式提升党建工作实效。比如，通过信息化手段，加强党员教育和管理，确保党员在思想上始终与党组织保持一致；通过建立学习和培训机制，提升党员的政治素养和业务能力，使其在社区工作中更具领导力和执行力。社联会通过党建工作站的建设，积极探索基层党组织在新形势下的创新发展路径，为社区社会组织的管理提供了有力的政治和组织保障。通过成立党建工作站，社联会不仅增强了自身的政治引领能力，也为社区社会组织提供了持续发展的动力支持。这一实践举措有助于强化党的领导地位，确保社区治理和服务工作沿着正确的方向不断前进。

党建工作站作为党在基层的重要阵地，不仅是宣传党的政策和国家法律的平台，也是监督和引导社区社会组织健康发展的重要抓手。通过不断完善党建工作机制，党建工作站为莫愁湖街道的社区治理注入了新的活力和动力，推动了社区社会组织的规范化、制度化和长远化发展。

2. 做好社区社会组织咨询服务

社区社会组织在成立和运行过程中出现疑问时可以询问社联会，社联会可以为其提供专业的咨询服务，致力于合理有序的社区社会组织管理格局的构建。社区社会组织注册登记的咨询解答工作，具体包括注册年审辅导与公共场地支持、行政事务协助、法律服务、会计指导等，同时协助街道定期对社区社会组织进行梳理分类。社联会安排专职社会工作者负责协助街道加强社区社会组织备案管理，并出台具体管理办法；协助登记管理机关加强社区社会组织监督指导；协助有关部门开展相关政策宣传、项目管理等工作；积极推动社区社会组织按时年检、积极主动参与等级评估申报等。做好社区社会组织咨询服务主要体现在以下两个方面。

一方面，社联会通过建立多媒体信息互助平台，为社区社会组织提供了一个高效、便捷的交流和信息获取渠道。多媒体信息互助平台的构建包括一系列具体措施，如发布社联会微信公众号、编制并发放莫愁湖街道社区社会组织联系手册、建立官方微信号和QQ群等。这些措施旨在多层次、多角度地为社区社会组织提供信息发布、问题解答和互动交流的途径。通过这种方式，社联会打破了传统单一的服务方式，为社区社会组织提供了更为丰富的咨询选择，使得信息咨询服务的覆盖面更广、响应速度更快。

在社联会未成立多媒体信息互助平台之前，社区社会组织的信息咨询渠道相对单一。组织成员往往需要亲自前往街道便民服务中心，或者通过拨打热线电话进行服务咨询。这种传统的咨询方式存在诸多不足。例如，当咨询量较大时，热线电话经常因等待时间过长而导致信息传递效率低下，社区社会组织亟须解决的问题无法得到及时解答。另外，便民中心的工作人员在面对繁杂的现场业务时，还需兼顾电话咨询，这不仅影响了对现场服务对象的响应速度，还使得电话咨询的专业性和及时性大打折扣。显然，传统的咨询方式已经难以满足日益增长的社区社会组织的需求。

为应对这些挑战，社联会主动搭建了多媒体信息互助平台，优化信息咨询业务的管理。这一平台使得信息交流更加多样化和灵活化。例如，通过社联会微信公众号的定期推送，社区社会组织能够第一时间获取到最新的政策法规、活动安排以及服务信息；通过建立官方微信号和 QQ 群，社区社会组织之间可以实现更加高效的互动和信息共享，减少了信息传递的中间环节和时间成本。更重要的是，这一平台还可以实现信息的精准推送和定向服务，确保不同社区社会组织的个性化需求得到更好的满足。此外，多媒体信息互助平台的建立有助于提升社联会信息咨询服务的专业化水平。在平台的支持下，社联会可以根据不同的咨询主题和内容，组织专业人员在线解答问题，确保每一次信息交流的质量和有效性。同时，平台的数据分析功能可以帮助社联会及时掌握社区社会组织的需求变化趋势，并有针对性地调整服务策略，增强咨询服务的针对性和时效性。

多媒体信息互助平台的运作不仅提升了社区社会组织的咨询体验，还有效缓解了街道便民服务中心的工作压力。在平台的支持下，街道便民服务中心的工作人员能够更专注于现场业务的处理，减少了接听热线电话的负担，从而提升了整体服务的效率和质量。同时，社联会通过平台的建设和管理，还能够进一步推动社区社会组织的信息化建设，加强其在网络化治理体系中的角色意识和地位。通过多媒体信息互助平台的建立，社联会不仅优化了信息咨询的管理业务，还提升了社区社会组织的整体服务体验和运作效率。平台的多样化功能和便捷性使得社区社会组织能够在更短的时间内获取更为全面和精准的信息，减少了信息传递过程中的时间和资源浪费。更为重要的是，通过这种创新的管理模式，社联会成功实现了对传统信息咨询方式的突破，为未来的社区治理提供了更多的可能性和参考模式。

多媒体信息互助平台主要发挥以下几个功能：一是多媒体信息互助平台可移动性强，操作上更占优势。利用手机的可移动性，不受时间、地点的限制，在处理问题和提供解答方面更加方便快捷。手机是每个人的必备贴身物品，微信可随时随地与社区社会组织对接，与计算机同步，与社区社会组织进行沟通。利用微信的可传播性和特有功能，可在最短的时间、不同的地点工作，也可随时把一些紧急发布的文件、重大事件、通知或想法传达给社区社会组织。二是在服务和管理社区社会组织的同时也扩大了社联会的社会影响力。微信公众号的用户群体不限，街道、社区工作人员、社区居民可以进行关注，通过朋友圈转发文章也可以得到更多人的关注。社联会会定期发布各个社区社会组织开展活动的新闻报道、各种社区社会组织的科普以及全国各地社区社会组织的动态等。社区社会组织或者其他有需要的人可以通过社联会在微信号的底部预设的信息咨询分类选择进行自助服务。如果问题通过微信服务号得不到解决，社区社会组织可以在官方微信群、QQ群进行询问或者拨打社联会服务热线进行咨询。同时，社联会的工作人员可以通过微信服务号的后台进行统计分析，与社区社会组织进行留言互动，了解其需求。三是效果持续时间长，人力成本低。社联会微信公众号目前几乎是免费推广的平台，无须其他费用，只要找准社联会的定位，按项目发展方向运营好，关注人数就会源源不断地增加，同时社联会的简介、功能及所涉及的服务会无限次地被传播、放大且持久。而且公众号只需要一人专门负责。公众号专门负责人每天定量地向该平台推送关于社联会及社区社会组织的文章，会让关注者直接或间接地对社联会、莫愁湖街道、社区社会组织产生好感，提高信任度，并逐渐认可，从而帮助社联会和社区社会组织进行信息推广。

另一方面，搭建信息栏。信息栏作为社区社会组织的重要宣传阵地，承担着多重功能，是社联会发布工作动态和社区社会组织获取最新资讯的又一个关键信息窗口，更是对社区社会组织进行科普和文化建设的平台。它在营造社区社会组织文化氛围、丰富社区社会组织文化生活、宣传国家社区社会组织政策法规方面发挥着不可或缺的作用。社联会依据实际情况，将信息栏设置在办公室门口醒目的位置，使其成为社区社会组织和来往居民获取信息的便捷渠道。这样，信息栏不仅服务于社区社会组织，还向街道便民服务中心的所有来访者展示最新的动态信息，有效地加强了社联会与社区社会组织、居民之间的联系和互动。

信息栏作为信息交流的载体，其核心价值在于透明、公开和及时。为了更好地发挥信息栏的作用，社联会在信息栏设置了意见簿，以广泛征集街道居民和社区社会组织的意见和建议。这一举措鼓励居民和社区社会组织积极参与社区治理，为社联会的决策和管理提供了宝贵的反馈。这种互动模式不仅增强了居民的参与感和归属感，还为社联会的工作提供了更多的参考和调整方向，确保信息栏内容更符合社区实际需求，更具针对性和实效性。

信息栏下方设立的活页领取架则进一步拓展了信息的覆盖面和传播深度。活页内容丰富多样，包括贴近居民生活的社区文化宣传、生活时事新闻、引导居民参与社区建设的相关信息，以及围绕社区中心工作，党的路线、方针、政策，卫生知识的科普宣传。这些内容以图文并茂的形式展现，力求满足不同群体的多样化阅读需求。此外，社联会还在活页中详细介绍了社区社会组织的政策法规，如《南京市社区民间组织备案管理办法》和社区社会组织的登记办理流程等，为社区社会组织提供了便捷的政策指导和参考。这种做法不仅增强了居民和社区社会组织的法律意识和政策理解力，还有效提升了其自我管理和服务能力。

信息栏的设计还考虑到社区社会组织的信息展示需求。社联会特别划定了一个版块，让每个社区社会组织可以张贴各自机构的信息，如机构的愿景和使命、提供的服务、地址及联系方式等。这一平台的构建，不仅让社区居民能够方便地了解和选择不同的社区社会组织及其服务，还促进了各组织之间的信息共享和资源互补。通过这种开放式的信息展示，社区社会组织不仅能够有效扩大其影响力和公众认知度，还能在潜在合作伙伴和资源提供者面前展示自身的优势和特色，从而提升其在社区中的角色意识和地位。信息栏的建设，不仅是社联会优化社区社会组织管理机制的创新实践，更是打造服务型社联会的重要平台和载体。通过信息栏的设立，社联会进一步提高了街道和自身的公共服务能力和管理效率。在提高信息透明度和促进多方参与的同时，信息栏也架起了一座沟通的桥梁，拉近了社联会、社区社会组织和居民之间的距离，增强了社联会在社区治理中的影响力和领导力。

3. 整合资源和提供专业指导

在网络化治理视角下，社区社会组织管理机制的优化实践离不开对资源的整合和专业指导的提供，这不仅可以提升社区社会组织的运营能力和服务质量，还能助力社区治理模式的创新与深化。莫愁湖街道社联会通过孵化培育、社区品牌管理等多个层面，积极推进资源整合和专业指导工作，形成了较为完善的管理机制。

在孵化培育层面，社联会致力于为有意向注册或落户莫愁湖街道开展服务的社区社会组织提供全方位支持。为此，社联会每半年开展一次招募筛选活动，通过对符合条件的备案类社区社会组织进行筛选和孵化，为它们提供为期六个月的孵化培育周期。在此过程中，社联会主要承接提供组织定位、项目孵化、落地支持和实践督导等服务，旨在帮助这些新兴的社区社会组织建立健全组织章程及各项管理制度，提升其内部治理水平和服务质量。在孵化过程中，社联会充分发挥街道中心的功能和社联会的职责，通过系统的培训和实务指导，着力提升社区社会组织的专业服务能力。例如，社联会组织专业培训课程，涵盖组织运营管理、社会服务项目设计和执行等内容，并为社区社会组织的工作者提供实践机会和一对一督导，帮助他们在具体工作中积累经验、提升技能。同时，社联会积极拓展资源整合渠道，链接媒体、企业和高校等外部资源，为社区社会组织的成长提供更多支持，推动其更好地参与到社区治理和公共服务中去，从而探索和形成具有"大美建邺、幸福莫愁"文化特质的社区特色。在实施年度内，社联会还组织开展了成长创业营服务活动。该活动以社区治理体系建设和专业社会工作服务为核心内容，通过模块化课程和实践督导相结合的方式，促进社区社会组织的发展。在活动中，社联会为各组织提供了专项的成长支持，通过一对一的督导，梳理和提炼社区服务及社区治理中的品牌项目和重点机构，为其未来的发展奠定了坚实的基础。此外，社联会每年对莫愁湖街道社区社会组织的发展现状进行调研，了解其面临的问题和挑战，并基于调研结果向街道提供下一年度的社区社会组织工作计划建议书和三年以上的发展规划，确保各项工作有条不紊、可持续推进。

在社区品牌管理层面，社联会积极配合莫愁湖街道开展"一社一品"梳理工作，推动每个社区创建独具特色的社区品牌，为社区品牌建设提供清晰的发展方向。通过这种方式，社联会不仅帮助每个社区在自身特有的文化、历史和社会背景下发掘潜力、塑造品牌，还引导社区社会组织在品牌建设过程中加强与居民的互动，增强社区认同感和归属感。社联会作为街道成立的管理社区社会组织的平台，统筹街道范围内的品牌建设，而"社创营"则专注于在社区内孵化和培育新的社区社会组织，为这些组织的发展提供具体支持和资源。在这个过程中，社联会不仅提供政策指导和资源支持，还通过多种形式的宣传和推广活动，提升社区品牌的社会影响力。例如，通过定期举办社区活动、发放宣传材料、利用新媒体平台等手段，社联会不断扩大各社区品牌的知名度和认可度。社联会的这一系列措施，既促进了街道层面的社区治理能力的提升，也为社区社会组织的持续发展提供了有力的保障和支持。

4. 维护社区社会组织权益

在网络化治理视角下，维护社区社会组织的合法权益是管理优化的核心内容之一。社联会通过加强会员单位的诚信自律建设和提供全面支持，旨在推动社区社会组织自律自治、促进合作与规范竞争，为其健康有序发展提供有力保障。

社联会积极支持社区社会组织自律自治，鼓励它们在日常运作中建立起自我约束机制，以提升公信力和社会影响力。为此，社联会为每个会员单位建立诚信自律档案，确保其行为规范、合法合规。每年组织一次公开声明活动，使社区社会组织能够公开其诚信自律情况，增强其社会透明度和责任感。此外，社联会还为社区社会组织提供反映诉求的渠道，帮助协调处理内部或外部的矛盾，确保社区社会组织在遇到困难时能够迅速获得支持与指导。同时，社联会搭建了与政府和市场的沟通桥梁，畅通协商对接渠道，切实维护会员单位的合法权益。在实践中，社联会充分发挥示范引领作用，严格按照章程独立自主地开展各项工作。通过不断健全工作机制和用人机制、规范内部治理结构、创新服务形式，社联会主动接受各级监督，确保自身的透明公开和诚信经营。社联会特别重视财务管理，配备专业财务人员并制定严格的财务管理制度，确保财务工作的透明性和合规性。如涉及收费的会员服务活动，社联会会严格按照规定程序，提前向街道申请审核；如涉及行政许可或其他特殊规定，社联会会及时申请审批或按相关规定办理，确保所有服务活动合法合规。同时，为进一步完善内部治理，社联会建立健全了会员退出机制和意见反馈机制，及时处理会员单位的意见和建议，确保所有会员的诉求得到及时有效的回应和解决。这种机制不仅提升了社联会的管理效率，也增强了社区社会组织的认同感和归属感。

在提升社区社会组织的专业服务能力方面，社联会通过系统化的培训活动，帮助会员单位不断提高自身的素质和能力。培训内容包括公益创投的基础知识、招标文件的解析、标书制作、项目方案撰写、评分表解析以及项目评估程序等方面。通过这些培训，社联会鼓励社区社会组织积极参与创意投标，提升其项目管理和执行能力，从而更好地满足社区和居民群众多样化、个性化的服务需求。这种多层次的能力建设培训，旨在帮助社区社会组织增强竞争力和创新能力，推动其在社区治理和公共服务中发挥更大作用。此外，社联会通过多种形式的指导和支持，帮助社区社会组织更好地融入社区、参与公共事务，并以其专业服务为居民提供更优质的生活体验。这种积极的互动不仅促进了社区社会组织的成长，也增强了社区的凝聚力和合作精神，推动了社区的和谐发展。

二、实现管理主体多元化

在网络化治理框架下，社区社会组织的管理机制优化不仅需要单一主体的努力，更需要多方力量的共同参与和协同作用。实现管理主体多元化，可以更有效地整合和利用各种资源，增强社区治理的韧性和包容性。具体而言，这种多元化的管理模式涉及政府主导、社区配合、社会力量支持以及社联会统筹。这四个方面相辅相成，共同构建起一个多层次、多维度的社区治理体系，为社区社会组织的可持续发展提供强大的动能和保障。

（一）政府主导

在网络化治理的视角下，实现管理主体多元化是社区社会组织管理机制优化的关键路径之一。政府作为社区社会组织发展的主要推动者，应成为助推其发展的重要资源供给方。政府主导的社区社会组织管理可以通过提供政策支持和资金支持来促进社区社会组织的成长和发展。

政策支持是指政府出台一系列有利于社区社会组织发展的政策和制度，为其营造良好的外部环境。例如，政府可以制定鼓励社区社会组织参与公共服务的政策，简化社区社会组织的注册登记程序，降低进入门槛，为其提供更为宽松的制度空间。同时，政府可以设立专项资金，将一部分资金纳入财政预算，专门用于购买社区社会组织服务，通过经费资助的形式，以公共服务供给为载体，引导和培育社区社会组织的发展，逐步形成良好的管理格局。然而，从莫愁湖街道社区社会组织的发展现状来看，真正具备承接因政府职能转移而参与公共服务能力的社区社会组织数量有限，尚不足以在公益领域形成有效竞争。这表明，政府购买服务的市场化和社会化过程与社区社会组织的能力建设密不可分，需要两者同步推进。政府在这一过程中需扮演多重角色，以多元化策略推动社区社会组织的管理优化。

一是政府作为幕后管理者，其核心职能在于维护社会稳定和执行长期的社会管理任务。在这一角色下，政府应通过制定公共政策和公共财政措施，营造良好的外部环境，而非依赖行政手段进行直接干预。这种管理策略强调规范和监督其他管理主体的行为，通过设定制度框架和规则，确保社区社会组织的活动合法合规，并在必要时对其进行有效的监督和指导。

二是政府作为引导培育者，扮演的角色更加主动。在这一角色下，政府策略是借助外部力量，通过市场和社会的作用实现对社区社会组织的管理。在此过程中，政府需要懂得放权，减少直接干预，以激发社区社会组织的内生动力。为推动社区社会组织管理的多元化，政府主要分两步走：第一步是创新体制机制，呼吁和鼓励社会力量积极参与社区服务；第二步是通过提供技术和资金支持，提升社区社会组织的孵化和培育能力，使其逐渐具备参与公共服务的能力和水平。

三是政府作为服务供给者的角色更具实质性。在这一角色下，政府不仅是资源提供者和管理者，还直接参与到社区服务的供给中。政府可以通过与社区社会组织的合作，共同设计和实施社区服务项目，确保服务质量和效果。在这个过程中，政府提供的支持不局限于资金和政策，还包括技术指导、能力培训和监督评估等方面。通过这种合作，政府能够更好地了解社区的真实需求，提升服务的针对性和有效性，同时也促进了社区社会组织的成长。在扮演这种角色时，政府策略是依据政府固有的职能：作为公共物品的重要提供者，有责任为社区社会组织提供必需的公共物品。

（二）社区配合

在网络化治理视角下，社区居委会在社区社会组织的管理优化过程中发挥着重要的配合作用。作为社区内综合性的服务平台，社区居委会的核心目标之一是满足社区居民的多样化需求，为其提供优质、专业的服务。随着我国社区社会组织快速发展，社区居委会的功能愈加显著，承担了促进社区社会组织成长和管理的多重职责。

首先，社区居委会作为引导者，在推动社区社会组织发展中发挥着重要作用。社区居委会的策略是通过收集居民的实际需求和意见，识别社区中的积极分子，培养社区领袖，并鼓励这些领袖深入参与社区服务的各类实践活动。社区居委会不仅是政策的执行者，更是社区活动的策划者和倡导者。它通过广泛征求居民意见，让居民自己决定开展什么类型的活动以及如何组织活动，从而增强社区服务的自主性和居民的参与感。在引导社区社会组织的过程中，社区居委会还与社区内的"社创营"合作，共同孵化和培育新的社会组织。"社创营"作为一个孵化平台，为社区居委会提供了专业支持，帮助挖掘和培养有潜力的社区社会组织，并协助其完成初期的注册、运营和发展。社区居委会利用其行政职能，争取更多的公益项目落地社区，为社区居民创造更多的服务机会和参与平台。通过这种方式，社区居委会不仅提升了社区治理的多样性和包容性，也激发了居民参与社区建设的积极性，推动了社区社会组织的发展。

其次，社区居委会在社区社会组织管理中扮演了资源链接者的角色。作为资源链接者，社区居委会其主要任务是创新性地整合和利用多种社会资源，为社区社会组织的发展提供全方位支持。在这一角色下，社区居委会积极建立与高校、企业及其他社会力量的联系，为社区活动和社区社会组织的发展筹集所需的经费、技术支持、人员和设备等资源。通过这些努力，社区居委会有效地弥补了单一资源渠道的不足，保障了社区社会组织活动的正常开展和持续发展。社区居委会与高校合作，邀请高校专家学者参与社区服务项目的设计和实施，为项目提供理论支持和技术指导；与企业合作，争取企业的资金赞助和物资捐助，为社区活动提供必要的经费和设备支持；与事业单位合作，为社区社会组织提供专业的工作人员或志愿者服务。通过这些创新的资源链接方式，社区居委会不仅拓宽了社区社会组织的资源获取渠道，还有效提升了社区服务的专业性和可持续性。社区居委会在资源链接过程中还注重建立长期的合作伙伴关系，确保资源支持的稳定性和连续性。例如，通过与合作伙伴签订长期合作协议，形成稳定的资源供给机制，保障社区社会组织的活动有序开展。社区居委会的这种资源链接角色，不仅提升了社区社会组织的资源整合能力，也增强了社区整体治理的效能和韧性。

社区居委会通过这两种角色的有机结合，为社区社会组织的成长创造了一个良好的发展环境，也为实现社区社会组织管理主体的多元化奠定了坚实的基础。未来，随着社区治理模式不断创新和优化，社区居委会将继续在推动社区社会组织发展和管理中发挥更加积极的作用，进一步提升社区整体治理水平。

（三）社会力量支持

在网络化治理的框架下，社会力量支持是社区社会组织管理机制优化的重要环节。社会力量不仅为社区社会组织的发展提供了必要的资源支持，还为其注入和提供了创新的活力与智力支持，推动了社区治理模式的不断创新和完善。

首先，将公益创投作为创新社区社会组织管理机制的切入点，可以有效提升社会资源的利用效率和社区社会组织的资金筹集能力。公益创投是一种新型的合作模式。在这一模式下，企业与社区社会组织之间不再仅仅是传统的捐赠关系，而是形成了一种平等的公益伙伴关系。在这种关系中，企业不仅提供资金支持，还将其擅长的知识技能分享给社区社会组织，帮助其提升管理能力和项目执行能力。这种合作方式使得社区社会组织在社会资源利用方面更加高效，能够更好地承接更多业务和项目，提升其在社区中的影响力和服务质量。公益创投模式的创新之处在于，它强调长期合作和深度参与，而不仅仅是单次的资助行为。企业在这种模式下不仅扮演资金提供者的角色，还成为社区社会组织发展的长期合作伙伴，通过管理和技术支持，助力社区社会组织的发展。这种长期伙伴关系的益处在于双方实现共赢：企业可以通过参与社区建设提高社会责任感和品牌影响力，而社区社会组织则可以通过获取稳定的资金和智力支持，提升自身的可持续发展能力。

其次，链接高校等教育机构为社区社会组织管理提供智力支持，是社会力量支持的重要途径之一。高校作为知识和创新的中心，可以为社区社会组织提供多种形式的智力支持，主要包括两种方式：一是短期在职培训；二是学历教育提升。短期在职培训旨在提高社联会工作人员的应急技能和实践能力，帮助他们迅速应对社区工作中的各种挑战。通过这种方式，社联会工作人员能够快速获取新技能，适应不断变化的社区需求。鼓励社联会工作人员进行学历教育提升，以系统性知识的学习为基础，为社区社会组织培养高素质的管理人才。相比于短期在职培训，学历教育提升具有更强的可持续性和更深远的影响力。通过学历教育培养的专业人才通常具备更全面的知识体系、更强的管理能力和更高的创新能力，这对于提升社区社会组织的整体管理水平和服务质量至关重要。鉴于此，依托高等院校实现的学历教育已经成为社区社会组织管理智力支持的主要渠道。高校与社区社会组织的合作不局限于人才培养，还涉及科研支持和项目合作。高校可以通过社会调研，为社区社会组织的发展提供理论依据和数据支持；可以派遣专家和研究团队，参与社区项目的设计、实施和评估，为社区社会组织的工作提供专业指导和学术支持。这种合作模式既提升了社区社会组织的工作质量和效果，也使得高校的研究成果更具实践意义，实现了理论与实践的双向促进。

（四）社联会统筹

在网络化治理的视角下，社联会作为承上启下的枢纽型社会组织，在社区社会组织的管理和发展中发挥着至关重要的统筹作用。社联会通过鼓励参与公益创投、搭建平台和宣传推广等多方面的努力，有效推动了社区社会组织的健康发展。

首先，社联会积极鼓励社区社会组织参与各类公益创投活动。由于南京市部分登记备案的社区社会组织不具备法人资格和独立账户，导致它们无法独立参与公益创投项目。面对这一挑战，社联会主动提供支持和协助，通过组团参与的方式帮助这些组织参与公益创投活动。公益创投作为社区社会组织培育与管理的一种实践尝试，为这些组织提供了展示能力和获取资源的机会。然而，由于缺乏相应的机制，部分组织在参与过程中面临诸多困难。社联会通过协调和引导，不仅为这些社区社会组织提供了参与的渠道，还促进了其与其他社会力量的合作，推动了社区公益事业的发展。

其次，社联会着力搭建各种平台载体，为社区社会组织提供多层次、多样化的支持。社联会通过评估自身条件，充分挖掘自身优势和可用资源，搭建了多个功能性平台。这些平台包括社区社会组织的孵化培育平台、政策服务平台、资源链接平台、自我服务平台以及交流展示平台等。通过孵化培育平台，社联会为新成立或初创期的社区社会组织提供必要的支持和指导，帮助它们快速成长；政策服务平台帮助社区社会组织了解和适应各项法律法规及政策要求；资源链接平台为社区社会组织提供与企业、高校等外部力量合作的机会，拓展其发展空间；自我服务平台支持社区社会组织的内部管理和自主发展；交流展示平台则为社区社会组织提供了一个展示自身成果和经验的舞台，促进了组织间的互相学习和交流。

最后，社联会高度重视社区社会组织的宣传推广工作，通过合理利用新媒体平台如微信公众号等，提升社区社会组织的社会影响力和知名度。例如，社联会定期在其微信公众号上介绍不同的社区社会组织及其开展的活动，让更多居民了解和认识这些组织的工作和贡献。这种宣传推广不仅能够吸引更多的社会关注和支持，还能增强社区社会组织的凝聚力和向心力，提升其在社区中的认同感和影响力。

通过这三方面的努力，社联会有效地发挥了其作为枢纽型社会组织的统筹作用。一是社联会帮助社区社会组织克服了参与公益创投活动中的障碍，为其提供了更广阔的发展平台；二是通过搭建多功能平台载体，社联会为社区社会组织的成长和发展提供了全面的支持和保障；三是通过多渠道的宣传推广，社联会提升了社区社会组织的社会影响力，促进了其在社区中的良性发展。

三、建立社区社会组织管理多元合作机制

在网络化治理框架下，构建多元主体协同参与的社区社会组织管理机制已成为提升社会治理效能的核心路径。政府、社会力量、社区及社联会四者既独立运

作，又相互交织，构成了一个多层次、全方位的治理体系。通过这一机制，各主体能够充分发挥其资源优势，实现合作共赢，形成治理合力。如图 4-2 所示。

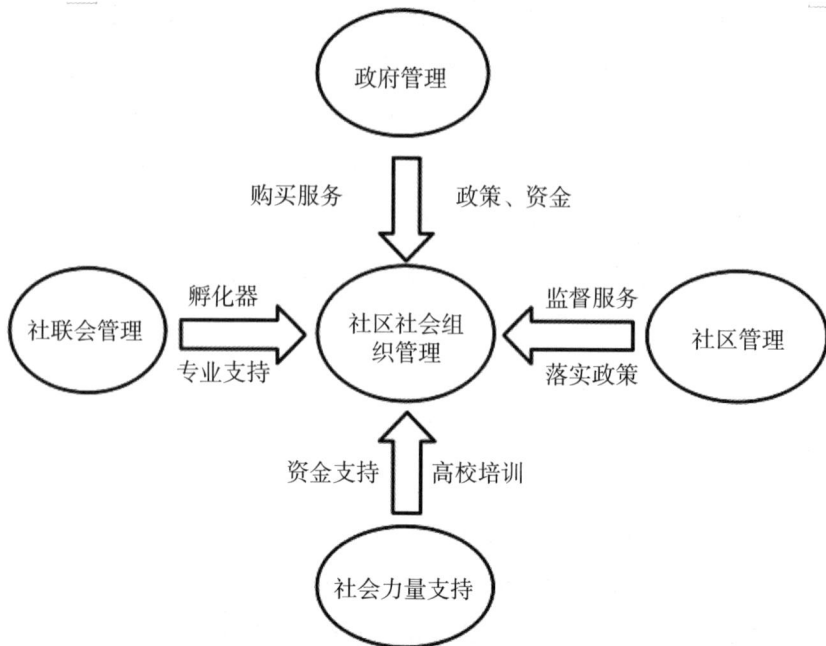

图 4-2　社区社会组织管理多元合作机制

政府作为社区社会组织管理的核心引导力量，扮演着规则制定者与资源配置者的角色。政府通过法律制度的完善、政策导向的明确和资金的有效投入，提供了社区社会组织发展的基础性保障。在社会转型和治理变革的背景下，政府主导的管理模式不仅为社区社会组织发展营造了良好的外部环境，还引领着整体社会治理的走向。政府通过购买服务、财政补贴、政策激励等多种方式，将公共资源注入社区，助力社区社会组织的能力建设和可持续发展。尤其在政策框架内，政府可以借助网络化工具推动公共服务供给的精准化与高效化，进而强化社区社会组织在基层治理中的作用。

社会力量作为社区社会组织管理的关键推动者，其作用越发突出。通过市场化机制的引入和社会资本的多元化配置，社会力量不仅能够提供管理支持，还可为社区社会组织提供创新动能。政府购买社会服务以及公益创投和孵化器的发展为社会力量的参与提供了广阔空间。这种"政府—社区社会组织—企业"三位一体的合作模式，有助于激发各方活力，促进社区治理模式的多样化和创新性发展。在此机制下，企业承担社会责任的动力得以增强，而社会企业家的创新经营模式也为社区社会组织的可持续发展注入了新鲜血液。

高校和科研机构作为智力支持主体，在社区社会组织管理中发挥着不可替代的智库作用。通过专业人才的培养与科学研究的输出，高校和科研机构为社区社会组织的专业化建设奠定了坚实基础。高校通过设置相关专业课程和研究项目，促进了社区治理理论与实践的不断发展，同时也通过与政府和社会力量的合作，形成产、学、研一体化的治理模式。在此过程中，政府的政策支持、资金投入、资源对接起到了重要的引导和激励作用，进一步提升了社区社会组织的专业水平和管理能力。

社区作为社区社会组织管理的直接参与方，既是管理的对象，也是资源和需求的重要来源，社区的居民、基层组织和管理部门共同构成了一个重要的治理主体。在社区社会组织管理中，社区通过反馈需求和提供本地资源，为社区社会组织的服务内容和方向提供实际依据。通过居民自治和志愿活动等形式，社区能够直接参与管理过程，增强社区治理的民主性和响应性。社区基层管理部门则在监督和政策落实方面发挥重要作用，确保社区社会组织在服务过程中遵循规定并满足居民的需求。

社联会作为社区社会组织管理的重要枢纽，承担着协调各方力量、促进资源整合和信息共享的职责。社联会在社区治理中具有独特的桥梁功能，它一方面通过政策建议和倡导活动，为政府制定更具针对性的社区政策提供了现实依据；另一方面，社联会通过组织培训、经验交流和合作项目，为社区社会组织提供成长和发展的平台。社联会在促进社区社会组织之间的合作与资源整合方面，起到了关键作用。它能够在政府、社会力量和社区之间搭建沟通桥梁，推动各方协同合作，形成治理合力。同时，社联会还能积极引导社会力量和企业资源参与社区治理，促进资源的高效配置和利用。

在这四种管理机制中，社联会的重要性体现在其作为中介平台的角色。社联会通过政策建议和舆论引导，提升社区社会组织的社会影响力和公共参与度；通过组织各种形式的公益活动和合作项目，社联会激发社区成员和社会力量的参与热情，构建一个多元共治、资源共享的治理格局。社联会作为连接政府、社会力量、社区和各类社会组织的纽带，有效促进了治理主体之间的信息沟通与资源整合，推动了社区治理体系的系统化和协同化。

第五节 网络化治理视角下莫愁湖街道优化社区社会组织管理机制的成效与不足

在网络化治理的视角下，莫愁湖街道致力于优化社区社会组织的管理机制，取得了显著的成效。同时，通过社联会的管理创新，进一步推动了社区社会组织的协作与发展。然而，尽管取得了不少成绩，这一过程仍存在一些不足之处。

一、莫愁湖街道优化社区社会组织管理机制的成效

一是提升了社区社会组织的协作能力与资源整合效率。

首先，社联会通过组织培训、研讨会和资源对接活动，为社区社会组织提供了一个有效的沟通和合作平台。这种平台不仅有助于不同组织之间相互了解彼此的目标和需求，还促进了信息高效传递和经验共享。例如，在日常管理中，社联会定期组织各类主题研讨会，邀请各社区社会组织参与，通过分享成功案例和实际经验，使参与者能够学习彼此的管理方法和创新实践，增强了组织间的信任与合作意愿。

其次，社联会项目推动了资源整合机制的建立和完善。在资源整合方面，社联会主动协调不同社区社会组织之间的资源配置，鼓励组织之间共享资源，如联合使用办公设备、共同举办社区活动等。这种共享机制有效避免了资源浪费，降低了各组织的运营成本，使有限的社区资源得到更高效的利用。通过资源整合，社联会不仅提高了资源利用率，还促进了资源在更大范围内的流动和优化配置，进而增强了社区社会组织的整体服务能力。

最后，社联会作为一个中介平台，积极推动资源的跨界整合，链接政府、

企业、学术机构等多元主体，为社区社会组织引入更多的外部资源。这种跨界整合的方式，使得社区社会组织能够更好地获得所需的资金、技术和人力资源支持。例如，通过社联会的牵线搭桥，一些社区社会组织能够与地方企业合作，获得项目资助和志愿者支持，扩展其活动范围和服务对象。

二是提高了社区社会组织的专业化水平和自主发展能力。

首先，社联会推动了社区社会组织的能力建设和管理水平的提升。社联会积极引入外部专家资源，定期组织各类专项培训活动，涵盖了战略规划、财务管理、项目设计与执行、绩效评估等多个方面。这种专项培训为社区社会组织提供了实践性指导和操作性建议，帮助其管理层和成员更好地掌握现代管理方法和工具，提升了整体管理能力和专业素养。例如，通过专家授课和模拟演练的方式，参与者能够系统学习如何制定有效的行动计划、评估项目影响力以及管理多元利益相关者，为组织的长期发展奠定基础。

其次，社联会注重专业人才的培养和发展，以推动社区社会组织的专业化建设。通过开展各类人才培养计划，社联会为社区社会组织输送了大量具备专业知识和技能的人才。这些人才的进入，为组织带来了新的视角和专业能力，增强了其应对复杂社区治理挑战的能力。同时，社联会鼓励社区社会组织与高校、科研机构合作，推动学术资源与实践经验的结合，促进人才的双向流动和持续培养。例如，通过设立实习项目和研究课题，社联会吸引了大量年轻的专业人才加入社区社会组织，并为其提供了一个良好的职业成长平台。

再次，社联会致力于强化社区社会组织的自主发展能力，帮助其建立自我管理机制和可持续发展战略。在这一过程中，社联会提供了系统的指导，帮助组织制定明确的发展目标和路线图，并提供资源支持，确保这些计划能够顺利实施。社联会还推动组织内部的制度化建设，如制定内部治理结构、财务透明机制和绩效考核标准等，以提升其内部管理的规范化水平。这种自主能力的培养，促使社区社会组织在面对外部挑战时能够更具弹性和适应性，能够自发地开展创新性活动和服务项目，以满足社区的多样化需求。

最后，社联会通过推动社区社会组织的品牌建设和社会影响力提升，强化了其专业化发展路径。社联会协助社区社会组织通过开展具有社会影响力的项目、树立良好的公共形象和品牌形象，提升其在社区和更广泛社会中的认可度和公信力。这种品牌建设使得社区社会组织更容易获得外部资源和支持，如资金、志愿者和合作伙伴，为其持续发展提供了重要保障。

三是提高和增强了社区成员的参与度与归属感。

首先，社联会通过丰富的社区活动激发了居民的参与热情。社联会策划和组织了多种形式的社区活动，包括志愿服务、文化交流、节日庆典、公益项目等，使社区居民能够积极参与到社区事务中来。这些活动不仅涵盖了不同年龄段和兴趣爱好的居民，还创造了多种参与渠道，使每个人都能找到符合其兴趣和能力的活动，从而提高了居民的参与率和积极性。例如，在社区清洁日活动中，社联会组织了不同年龄段的志愿者共同参与，既增强了居民的环境保护意识，也提升了他们对社区事务的关注和参与度。

其次，社联会的项目有效地增强了居民的归属感和社区认同感。通过策划文化节、传统节庆活动和社区运动会等具有本地特色的活动，社联会在潜移默化中培育了居民对社区的情感依赖和认同感。这种活动不仅增强了社区的文化氛围，还为居民提供了更多的交流和互动机会，促进了相互之间的了解和信任。例如，社联会在社区内举办的年度文化节，鼓励居民展示自己文化背景的特色和才艺，形成了多元文化交融的氛围，增强了居民对社区的认同感和归属感。

最后，社联会通过公益项目和志愿服务活动，培养了居民的公共精神和社会责任感。社联会组织的各类公益项目，如关爱老年人、社区医疗服务、环境保护等，吸引了大量居民参与。通过这些项目，社联会不仅增强了居民的社会责任感和公共精神，还促进了社区成员之间的互助合作，形成了一个更加紧密的社会网络。例如，在一项社区志愿服务计划中，社联会招募了大量志愿者参与老年人探访活动，这些志愿者在服务过程中体验到了助人的快乐和意义，同时增强了对社区的归属感。

四是促进了多元主体的共治合作。

首先，社联会通过创新性合作模式，打破了传统治理边界。不再局限于单向的资源提供或任务分配，社联会倡导一种多维互动的合作模式。这种模式下，政府、企业、社区社会组织和社区居民成为共同的治理参与者，各主体在共同目标下分享知识、技术和经验，从而形成持续的创新动力。例如，在"社区数字化转型"项目中，社联会引入了科技企业和学术研究机构，不仅提升了社区管理的智能化水平，还将新技术的社会应用场景扩大至社区层面，为未来的智能社区建设提供了新思路和实践依据。

其次，社联会充当了多元主体间的"智囊团"和"策略家"，不仅是合作的促成者，也是战略的制定者。通过充分挖掘各主体的优势资源，社联会能够识别和整合潜在的合作机会，为各方制定互利共赢的合作策略。这种策略不仅考虑到了各主体的短期利益，更重视长期合作的可持续性。例如，社联会推动"社区生态保护计划"，不仅联动环保组织和企业，还与政府部门共同制定长期的环境政策框架，确保各方利益在政策延续和项目执行中得到保障。

再次，社联会引入了多维度的合作评价机制，推动了共治合作的优化与深化。不同于以往的单一绩效考核，社联会设计了一套综合评估体系，将社区满意度、项目可持续性、合作方投入程度等多重因素纳入评价标准。这种多维度的评价机制使得合作方能够清晰地了解合作效果和改进空间，从而不断优化合作策略和行动计划。例如，在"社区健康行动"项目中，社联会结合数据分析和居民反馈，对健康教育、医疗服务、政策支持等多方面进行动态评估和调整，确保项目在不同阶段的高效性和针对性。

最后，社联会通过构建一个高度互动的社区生态网络，深化了多元主体之间的信任关系。这种生态网络不局限于项目合作层面，还涉及长期的社区发展愿景和共同价值观的塑造。在这个网络中，各主体不仅是合作伙伴，也是共同体成员，彼此之间通过频繁互动形成了深厚的信任基础和共同的使命感。这种信任关系的建立使得合作更加稳固和持续，减少了合作过程中的摩擦和不确定性因素，真正实现了深层次的共治合作。例如，社联会在策划重大社区项目时，鼓励各方参与规划和决策，通过透明的信息分享和开放的沟通机制，确保所有参与方的声音都能被听见和重视。

五是推动了政策的落地与创新实践。

社联会在推动政策的落地与创新实践方面发挥了关键作用，通过敏锐捕捉社区社会组织和居民的实际需求，有效地将基层声音传达给政府部门，为政策的制定和优化提供了重要依据。与此同时，社联会作为政策创新的试点单位，在多种治理实践中探索出符合社区实际情况的新模式和新路径，为政策创新注入了新的活力。

首先，社联会作为政策与民意之间的桥梁，有效促进了政策的落地实施。社联会在深入社区的过程中，通过走访调研、问卷调查、居民座谈等多种方式，全面了解社区居民的需求和期待，并将这些真实反馈整理成具体的建议提交给政府部门。这一过程确保了政策制定的科学性和针对性，有助于避免政策自上而下制定中的脱节问题。例如，在公共安全政策的制定过程中，社联会将社区居民对治安、消防、交通等方面的具体需求反馈给政府部门，促使政府在政策设计时充分考虑社区特点和居民意见，从而确保政策更符合基层实际、更易于实施和推广。

其次，社联会在政策的调整和优化过程中扮演了重要角色。在政策实施的过程中，社联会通过及时反馈政策执行中的难点和问题，为政府提供一手信息，推动政策的调整和优化。例如，在社区卫生政策实施中，社联会发现部分政策在实际操作中存在执行障碍，如资源配置不合理、服务覆盖不全等问题，便及时将这些问题反映给相关部门，协助政府对政策进行调整，使政策更具操作性和有效性。这样的反馈机制缩短了政策调整的响应时间，提升了政策的适应性和执行效果。

再次，社联会积极推动政策创新，通过先行先试的方式探索新的治理路径。作为创新实践的试点单位，社联会在政府政策的指导下，因地制宜地开展了一系列创新项目，探索更符合社区实际的治理模式。例如，在社区环保治理方面，社联会结合社区特点，引入"绿色积分"机制，将居民的环保行为与积分奖励挂钩，激发居民主动参与环保行动的积极性。这一创新做法不仅增强了政策的执行力，还为其他社区提供了可借鉴的治理经验和模式。

从次，社联会在政策创新中的作用还体现在理论依据的积累和实践经验的推广上。通过持续的项目实践，社联会总结和提炼了大量的经验教训和创新模式，为政府的政策制定和调整提供了宝贵的实证数据和理论支持。特别是在社区治理和公共服务领域，社联会探索出的创新实践逐渐形成了一套完整的政策创新路径，成为政府部门推广和复制的样板。例如，社联会在社区健康管理项目中，通过整合多方资源，创建了"社区健康合伙人"模式，将医疗机构、社工组织和志愿者的力量结合起来，为居民提供全方位的健康服务。这一模式不仅得到了社区居民的广泛认可，还成为政策推广的典范。

最后，社联会通过与政府的合作，推动了政策的本地化和社区化。社联会深入了解社区实际情况，善于将政策要求转化为具体的社区行动方案，使政策更加贴近社区居民的日常生活。这种本地化的实践使得政策更具有适应性和灵活性，能够在具体的社区环境中有效发挥作用。例如，针对政府提出的"全民健身"政策，社联会结合社区特点，开展了"健康步道""社区健身日"等活动，不仅提升了居民的健康意识，还增强和提高了政策的社区认同感和接受度。

六是增强了社区社会组织的社会影响力与公信力。

社联会通过一系列有针对性的举措，有效地增强了社区社会组织的社会影响力和公信力。这种增强效果不仅在于塑造了社区社会组织的公众形象，还在于拓展了其在社会各界的认可度和支持度，为其可持续发展奠定了更为坚实的基础。

首先，社联会通过多样化的公益项目和社会活动来构建社区社会组织的良好形象。在这些项目的实施过程中，社联会强调社区社会组织在公共服务和社会福利中的关键角色，使其形象更加专业化和正面化。通过长期的项目运作，社联会强化了社区社会组织在社区中的积极影响，逐渐改变了公众对社区社会组织的传统印象，促使其社会地位得到进一步的巩固和提升。这种做法有效地促进了社区社会组织在居民心目中的认可度和美誉度提升，增强了其在社区治理中的合法性和公信力。

其次，社联会运用系统化的公共宣传策略，进一步扩大了社区社会组织的影响力。在这一过程中，社联会运用多种传播工具和平台，如线上社交媒体、线下宣传刊物和社区活动公告等，增进了公众对社会组织的了解和认知。这种多渠道的信息传播方式，使得社区社会组织的活动和成果得以更广泛地传递和分享，从而增加了其社会关注度和公众参与度。通过这种透明化和开放化的宣传，社联会助力提高社区社会组织的知名度和可信度，进而增强其社会影响力。

再次，社联会通过构建多主体合作伙伴关系，推动了社区社会组织的跨界合作和资源整合。社联会在与政府部门、企业、学术机构和其他非营利组织的合作中，发挥了连接和协调作用。通过这些合作，社联会帮助社区社会组织获得了更多的资金支持、技术援助和平台资源，进一步提升了其社会影响力。同时，这种多主体合作还为社区社会组织提供了更多的参与公共事务和社会治理的机会，增强了其在社会中的角色意识和作用，使其公信力得到进一步的提升。

从次，社联会在增强社区社会组织社会影响力和公信力的过程中，重视长期的信任关系建设和社会资本积累。社联会通过持续的项目运作和社会服务，逐步构建了一种基于互信和合作的社区治理模式。它致力于营造一个透明、开放、参与性强的社区环境，通过建立持续的反馈机制和公共讨论平台，确保社区社会组织与居民之间的良性互动和信息共享。这种信任关系的建立，不仅促进了社区社会组织在社区中的公信力提升，还为其可持续发展提供了稳定的社会支持基础。

最后，社联会通过创新的品牌建设策略，进一步巩固了社区社会组织的长期社会影响力。社联会帮助社区社会组织打造具有独特定位的品牌形象，突出其在特定领域的专业能力和社会贡献价值。这种品牌建设策略不仅有助于增加社区社会组织的公众认知度和信任度，还能够使其在激烈的社会竞争中获得更多的支持与合作机会。通过强调专业性、透明度和社会责任感，社联会推动了社会各界对社区社会组织的认同和支持，使其影响力得到了更广泛的传播和持续增长。

二、社联会自我管理成效

面对快速变化的社会环境和日益复杂的社区治理需求，社联会在自我管理方面进行了多层次、多维度的探索与实践。其自我管理成效不仅体现为组织运作的效率提升和资源配置的优化，更反映出其在应对外部挑战、塑造内部认同和推动持续发展中的战略智慧与前瞻性。通过对内部治理结构的不断优化、人力资源管理和能力建设的系统强化以及组织文化和价值观的深度建设，社联会建立起了一套具有高度适应性和创新性的自我管理体系。

（一）内部治理结构的优化层面

一是明确的决策流程和权责分配机制是社联会内部治理结构优化的核心。社联会通过建立清晰的决策流程，确保每一项重要决策都能够得到科学评估和有效执行。决策流程的优化不仅包括层级化的决策链条，还涉及跨部门沟通和协调机制的完善，使得组织内部信息能够及时传递和共享。这种透明、高效的决策机制有助于减少信息不对称和内部矛盾，避免决策失误和资源浪费，提升组织的整体运作效率。此外，社联会通过明确各个岗位的职责和权力范围，设立明确的工作标准和考核指标，确保每个成员都能清晰理解自己的角色和责任。这种清晰的权责分配机制，不仅增强了组织的管理效能，还提升了员工的工作积极性和责任感，促使整个组织在复杂的治理环境中保持灵活性和应变能力。

二是强化了监督与问责机制，提高了组织的透明度和公信力。社联会认识到，健全的内部监督与问责机制是提升治理水平的关键。为此，社联会建立了包括内部审计、绩效评估，以及定期的组织评估等多种形式的监督机制，以确保内部各项活动和决策的合法性和合规性。这种多层次的监督机制不仅能够有效防范腐败和滥用权力的风险，还能通过定期的绩效评估发现组织管理中的薄弱环节，从而为优化和改进管理提供科学依据。此外，社联会还引入了透明的问责机制，对组织内的所有成员设立明确的行为规范和问责要求，确保每一个决策和行为都有据可查、有责必问。这种问责机制的建立，不仅提高了内部管理的透明度和公信力，还提高了外部对组织的信任度，为组织的可持续发展提供了强有力的制度保障。

三是推动了管理扁平化和决策民主化，提升了组织的灵活性和适应能力。在优化内部治理结构过程中，社联会逐渐向扁平化管理模式转型，减少中间管理层级，缩短决策链条，从而提升决策效率和响应速度。扁平化的管理结构使得组织能够更快速地应对外部变化和挑战，同时也减少了组织内部的信息传递损耗和沟通成本。此外，社联会还积极推动决策的民主化，鼓励各层级员工参与决策过程，通过设立意见征集制度和内部讨论机制，确保各类意见和建议都能够被充分表达和重视。这种民主化的决策模式，不仅提升了员工的参与感和归属感，还增强了组织内部的凝聚力和协同效应，为组织的创新和发展提供了更为广阔的空间。

四是建立了灵活的资源配置和管理机制，确保组织内部资源的有效利用。社联会在资源配置上注重灵活性和适应性，根据不同项目和工作任务的实际需求动态调整人力、财力和物力资源的分配。社联会制定了详尽的资源分配流程和管理制度，通过定期评估项目进展和资源使用情况，及时进行资源调配和调整，以确保资源的最优配置和使用效率。同时，社联会还引入了绩效导向的资源管理方法，将资源的配置与组织绩效和目标达成情况挂钩，以激励各部门和成员更加有效地使用和管理资源。这种灵活的资源管理机制，有助于提高组织的运作效率和竞争力。

五是优化了内部沟通和信息共享机制，增强组织的整体协调能力。社联会通过建立多渠道的信息共享平台和沟通机制，确保各部门和成员能够实时获取最新的政策信息、项目动态和组织决策，减少信息孤岛和沟通障碍。同时，社联会鼓励跨部门、跨层级的沟通与合作，通过设立定期的工作协调会、主题研讨会和跨部门项目团队等形式，促进信息的有效交流和资源的共享利用。这种高效的沟通机制，不仅增强了组织内部的协同性和凝聚力，还提升了组织在复杂环境下的应对能力和决策水平。

（二）人力资源管理和能力建设层面

一是构建了科学合理的人力资源管理体系。社联会通过完善的人力资源规划和管理机制，建立了一套覆盖人才招聘、选拔、培训、绩效评估和晋升的全流程管理体系。社联会根据组织发展战略和社区治理需要，制定清晰的人才发展规划，明确不同岗位和职能的要求，确保人才招聘和配置的精准性。同时，通过优化选拔程序和引入多维度评估方法，社联会注重人才的综合素质和能力潜力，确保选拔到符合组织文化和发展目标的优秀人才。这种科学的人力资源管理体系，不仅提高了组织的整体运行效率，还为社联会在复杂社区治理环境中的有效运作提供了人才支持。

二是加强了员工培训和能力建设，提升团队专业水平和执行能力。社联会认识到，持续的员工培训和能力提升是保持组织竞争力和创新能力的关键。因此，社联会投入大量资源用于员工的职业发展和能力建设，开展多层次、多维度的培训计划，包括基础技能培训、专业知识提升、管理能力拓展等。社联会通过引入外部专家讲座、内部知识分享、工作坊和实地考察等多种形式，确保员工在实践中获得学习和成长的机会。此外，社联会还注重培训方案的个性化，根据不同岗位和员工的发展需求，制定相应的能力提升计划。这种全面的培训机制，有助于提高员工的专业能力和综合素质，增强他们在社区治理中的执行力和创新力。

三是建立了有效的激励和绩效评估机制，提升员工的积极性和工作满意度。社联会通过构建以绩效为导向的激励机制，将员工的工作表现与组织目标紧密挂钩，推动员工在工作中追求卓越。社联会引入了多样化的激励方式，包括薪酬奖励、晋升机会、荣誉表彰和培训发展机会等，以激励员工在各自岗位上积极贡献。同时，社联会还实施了透明的绩效评估体系，通过设立明确的绩效指标和评估标准，定期对员工的工作表现进行综合考核。这种绩效评估不仅考虑员工的工作结果，还关注其工作过程中的创新、合作和贡献。这一评估机制的引入，鼓励员工不断提升自我、追求卓越，从而在整体上提高了组织的活力和凝聚力。

四是推动了人才梯队建设和接班人计划，确保组织持续发展。社联会注重人才的长期培养和梯队建设，通过制定接班人计划和人才储备战略，确保组织的可持续发展。社联会通过识别潜在的领导人才，并为其提供有针对性的培养方案，包括管理培训、岗位轮换和跨部门项目实践等，提升其管理能力和决策水平。通过这种方式，社联会确保在关键岗位上始终有具备领导能力和创新精神的人才储备，从而在组织变革和发展中保持竞争优势。

五是促进了团队协作和文化融合，增强组织内部的凝聚力和归属感。社联会通过建设开放、合作、包容的组织文化，推动员工之间的有效沟通与合作。通过设立跨部门团队、工作小组和项目团队，社联会鼓励员工之间的跨职能合作，提升组织整体的协同效应。此外，社联会还注重员工的文化融合，通过组织各类团队建设活动、内部文化交流和多样化的员工关怀计划，增强和提高员工的归属感和忠诚度。这种内部文化的建设，有助于在组织内部形成高度一致的价值观和共同目标，提升组织的整体战斗力和执行力。

六是提升了组织变革能力和应对外部挑战的韧性。社联会在面对快速变化的社会环境和复杂的社区治理挑战时，通过加强员工的适应力和学习能力，提升了组织的变革能力和韧性。社联会鼓励员工在工作中持续学习和创新，及时适应新的政策环境和社会需求变化。通过营造一个学习型组织氛围，社联会不断激发员工的主动性和创造力，使其在面对不确定性时，能够灵活应对并寻找新的解决方案。这种持续的学习和创新文化，为社联会在复杂环境下的生存和发展提供了强大的内部动力和支撑。

（三）组织文化和价值观建设层面

一是社联会确立了以使命为导向的核心价值观体系，为组织的发展奠定了统一的思想基础。社联会明确提出了其核心价值观，如诚信、透明、合作、创新和责任，将这些价值观融入日常管理、项目运作和决策过程之中。这种价值观体系不仅引导着组织成员的行为和思维方式，还塑造了组织的文化特质，使成员在不同层级和岗位上都能够在共同的使命和愿景下行动。这一做法有效地增强了组织的内聚力和共同目标感，使得社联会在面对复杂的社区治理挑战时，能够快速形成共识并采取一致行动。

二是社联会注重文化的内化与传播，推动价值观在组织内部的深度认同。为确保价值观的落地和贯彻，社联会通过多种形式强化组织文化的内化与传播，包括定期的价值观培训、文化研讨会、内部刊物宣传以及组织内的故事分享等方式，促使员工在实际工作中理解并认同这些核心价值观。同时，社联会鼓励员工在日常工作中践行这些价值观，并将其作为员工评估和晋升的重要标准之一。这种方式不仅强化了组织成员对文化的认同感和归属感，还形成了一种"文化驱动"的工作氛围，有助于提升组织的整体向心力和战斗力。

三是社联会通过营造积极的组织氛围，提升员工的工作满意度和忠诚度。社联会致力于营造一个开放、包容和合作的工作环境，鼓励员工表达意见、分享想法和积极参与决策。通过设立内部反馈机制、员工建议箱和定期的员工满意度调查，社联会能够及时了解员工的需求和期望，并根据反馈进行必要的调整和改进。这样的举措不仅使员工感受到被重视和尊重，还提高了他们的工作满意度和对组织的忠诚度。此外，社联会重视员工的心理健康和生活平衡，通过实施多样化的员工关怀计划，如提供灵活工作时间、健康支持项目和丰富的员工活动等，进一步提升了员工的幸福感和积极性。

四是社联会积极推动组织文化的多元化和包容性建设，提升组织创新力和适应力。在文化建设过程中，社联会鼓励员工的多样性和多元文化背景，尊重不同的观点和经验，促进跨文化交流与合作。通过设立多元化委员会和开展多样化培训，社联会致力于建立一个具有包容性的工作环境，使得所有成员都能够在其中发挥各自的独特价值和潜力。这种多元文化的包容性，不仅使得社联会能够吸引和留住来自不同背景和领域的优秀人才，还为组织带来了丰富的创新灵感和创意，使其在复杂多变的环境中保持高度的适应性和灵活性。

五是社联会注重构建学习型组织文化，推动组织持续创新和成长。社联会鼓励员工持续学习和提升自身能力，通过建立内部学习平台、设立专业发展项目和推动知识分享，形成了一个不断进步的学习型组织环境。社联会倡导"终身学习"的理念，不仅为员工提供丰富的学习资源和机会，还激励他们在工作中实践创新和实验新想法。这种学习型组织文化的形成，有助于员工不断提升自身素质和技能，也促使组织能够更快地适应外部环境的变化，保持持续的竞争力和创新力。

三、莫愁湖街道优化社区社会组织管理机制存在的不足

莫愁湖街道社区社会组织联合会尽管成立时间不长，但在近年来新兴的同类机构中，其在社区社会组织管理方面的模式已显示出一定的典型性和示范意义。社联会在管理实践中取得了一定的成绩，但随着其管理工作不断推进，依然存在若干需要进一步优化和提升的方面，尤其在专业化水平和管理能力、管理机制设计和战略目标定位、制度建设等关键领域，仍有较大的改进空间。

首先，社联会在专业化水平和管理能力上需要进一步提升。作为一个成立不久的枢纽型社会组织，社联会在专业人才培养、管理经验积累和实践技能提升方面相对薄弱，导致其在应对复杂社区社会组织管理需求时，仍显现出一定的局限性。要想更好地履行其枢纽功能，社联会需进一步加强对专业化人才的引进和培

养，建立系统化的培训机制，强化管理人员的理论知识与实践技能。此外，社联会还应加强对社区社会组织管理领域前沿理论和方法的研究与应用，构建更加科学和有效的管理框架，以提高其在社区治理中的专业化水平和管理效能。

其次，社联会在管理机制设计和战略目标定位上应进一步增强前瞻性和系统性。目前，社联会在管理实践中虽表现出一定的创新精神，但这些尝试多局限于浅层次的操作层面，尚未切入到管理机制和长远战略的深层逻辑。在制定管理目标和规划管理路径时，缺乏系统性的思考和前瞻性的设计，使得其在面对复杂和多变的社区治理环境时，难以提供具有持久性和战略性的管理解决方案。为此，社联会应在管理机制设计中融入更多前瞻性思考，制定明确的长期目标，并构建多层次、多维度的管理体系，以增强其在社区社会组织管理中的整体协调力和创新力。

最后，社联会的制度建设仍需进一步完善。当前，社联会在制度建设上存在一定的碎片化现象，缺乏系统性和规范性的制度设计，特别是在具体制度执行的操作细则方面，尚未形成统一的标准和明确的指引。制度的不完善不仅影响了社联会的管理效能，也在一定程度上削弱了其在社区社会组织中的公信力和影响力。为增强和提高管理的连续性和透明度，社联会需加强制度建设，明确各项管理流程和操作标准，建立健全监督和评估机制，从而确保管理工作的有序推进和高效实施。

第五章

优化社区社会组织管理机制的建议

在优化社区社会组织管理机制的过程中，需要综合考虑多个方面的因素，以形成一个更具系统性和持续性的治理框架。在此背景下，强化基层党建引领、完善政府管理机制、提升组织管理与服务能力，以及推动社联会在促进社区社会组织之间的参与、竞争与合作方面的作用显得尤为重要。首先，基层党组织作为社区治理的核心力量，能够有效引导和整合社区资源，为社区社会组织的发展提供政治保障和方向引导。其次，政府应完善管理机制，通过规范化的管理程序、科学的监督与评估机制和专业化的管理人员提升管理效能，确保社区社会组织在依法依规的框架下有序运行。此外，提升社区社会组织的管理能力和服务水平，是提升其自我发展能力和社区影响力的关键，通过持续的能力建设和专业化服务水平提升，可以更好地满足社区居民的多元化需求。最后，社联会作为社区社会组织之间的协调平台，可以通过推动各组织之间的合作与交流，促进资源的共享和利用，形成一种良性的竞争机制，推动社区治理整体水平的提升。因此，通过这四方面的优化措施，可以形成一个多维度、全方位的社区社会组织管理机制，为实现社区治理现代化奠定更加坚实的基础。

第一节　强化基层党建引领

党建引领是社会治理和现代国家发展的内在需要，其直接功能是通过组织协调、政策制定与实施，形成以高度一体化、效率化及协同性为主要特征的治理氛围，进而实现社会稳定和持续发展的双重效果。优化社区社会组织管理机制，需要整合来自不同领域和方向的治理资源。在这个过程中，党的强大领导力量为实现全民参与的社会治理实践提供了核心保障，进一步提升了社会治理现代化的核心组织能力。

一、加强党建引领，凝聚社会治理共识

在优化社区社会组织管理机制的过程中，应坚持党建引领，充分发挥党组织在社会治理中的核心作用，以实现多元主体的包容性联结和协作共赢。

一方面，党建引领应着眼于构建多元主体间的横向包容性联结，通过党的组织导向功能和枢纽平台作用，建立党组织与社区社会组织、居民自治组织、企业、非政府组织之间的协作合作机制。具体措施包括成立由各方参与的社区协商议事机构，通过民主协商和集体决策，提高各类社区社会组织的参与度和贡献度。借助党建的协调能力，整合社区内外各类资源，推动政府、社区和社区社会组织共同治理的平台建设，形成互信互助、信息畅通、资源共享的合作格局。同时，优化社区社会组织管理机制还需要建立完善的资源共享和信息流通工作机制，推动党政统合和各领域连贯的民主治理平台建设。通过明确权责分工，理顺工作流程，形成各类社区社会组织的良性互动。党建平台应加强社区内外信息交流，促进各类组织和机构之间的沟通与合作，打破社会治理多元主体间的合作壁垒，推动政党、政府和社会力量之间的互动增能，形成广泛的社会治理共识。只有通过这种有机的协作机制，才能充分发挥各类社区社会组织的积极作用，推进社会治理的现代化进程。

另一方面，党建引领还应在纵向层面实现党对民主治理的引领和动员，构建多级党建纵向对接机制，确保党组织对社区社会组织管理的全覆盖和有效指导。在党组织的垂直连接体系基础上，应加强社区党组织与各级党组织之间的协调和沟通，建立纵向到底的党组织覆盖机制。通过增强党组织联系群众和协调资源的能力，推动更多居民参与社区治理和民主监督，提升社区社会组织的服务质量和管理水平。加强党建工作与社区治理的深度融合，推动社区党组织在引导和支持社区社会组织发展、规范运行、提高治理效能等方面发挥更大作用。在具体实践中，可以通过定期开展社区党建活动、组织党员志愿服务队伍等方式，加强党组织在社区中的领导力和凝聚力。同时，应注重提升党组织服务社区社会组织的能力，为社区社会组织提供政策咨询、资源对接、能力培训等多方面支持，帮助其更好地服务社区居民，推动社区治理的创新发展。通过优化社区党组织的领导和服务机制，不仅能提升党组织的公信力和影响力，还能有效凝聚社会治理共识、激发社区治理活力。

总之，优化社区社会组织管理机制，应充分发挥党建在横向和纵向领域的核心引领作用，通过构建"开放互动、协作共赢"的治理平台，推动政党、政府和社会力量的有效合作，破解社会治理中的难题。以党的全面领导为依托，整合多元治理主体，强化党组织在社会治理中的支撑和动员能力，不断提升社区治理的民主性和有效性，实现更为高效的社会治理目标。

二、扩大政治参与，凝聚社会治理智慧

随着社会主义建设的推进，社会治理已成为实现良好的国家治理中的关键环节，社区社会组织如雨后春笋般发展，面临党情、世情、国情新变化所带来的诸多方面的压力。任何一个领域出现风险都会对社会治理现代化实践造成巨大影响。社区社会组织管理的复杂性，客观上要求通过扩大公众有序参与来加强社会治理基础。

一是增强人民的政治参与意识。人民群众对于自身在社会事务管理中的角色、功能和责任的认知和理解，影响其参与社会治理实践的能动性和积极性。政治参与意识是社会民主治理的重要组成部分。实现社区社会组织管理机制优化不仅需要引导人民自觉参与决策过程，以确保社会治理具有公正性和有效性，还需要通过教育推广和宣传活动，动员和组织各类社区社会组织，以广泛参与的方式推动民主治理。在这个过程中，应协调各社会治理主体的利益并提供必要的资源支持，以保证参与具有实际影响力和意义，从而确保民主决策和民主监督不出现偏差，使社会治理更符合人民的需求。

二是创新参与渠道，并对新兴参与方式进行制度化规范。经济社会的快速变

迁使得人民群众对社会治理的利益诉求不断多元化、复杂化，原有的参与渠道与人民群众现有的参与诉求之间形成巨大张力。因此，创新参与方式并加以规范和引导是优化社区社会组织管理机制面临的新问题。对于以社区社会组织为单位进行的政治参与，需要在政府和社会团体之间的协同作用下寻求持续的优化与发展。针对现行的政治参与体制进行改革与创新，以便适配并吸纳以社区社会组织作为参与单位的社会治理实践活动，赋予社区社会组织在社会治理现代化中建言献策的重要功能。面对新兴社会阶层日益强烈的社会治理参与诉求，要根据新兴阶层成员自身的特点和现实情况对参与渠道进行创新，解决其社会事务参与需求迅速增长和当前社会参与改革步伐不匹配的问题。

三、坚定话语体系自信，增强社会治理自信

话语体系是在社会治理实践中使用的语言和交流方式，包括语法规则、词汇、语用规范、语篇结构以及与特定语境和社会文化背景相关的语言习惯和规范，是提供社会治理基本经验和传播中国治理故事的基础和框架。实现社区社会组织管理机制优化，就要构建和不断完善全过程人民民主的话语体系，以此为社会治理现代化提供更为科学的理论依据。

一方面，坚定中国特色民主话语自信，以全过程人民民主理念的普及传播提升人民群众参与社会治理的积极性。人民群众对物质财富和精神财富的双重追求，引发了对自身权利的重新认识和期待，并对自身的民主权利提出了更高的要求。鉴于此，要及时转换人民民主的话语体系，致力于将其从学术性、政治性的语境扩展到大众领域和网络领域，以实现更广泛的接触和理解，进而激励人民群众将其对全过程人民民主的坚定信念转化为主动参与社会治理现代化的实践行动，在扩大全过程人民民主的表达范围的同时提升社区社会管理的参与度和效率。

另一方面，坚持理论创新，深化对社区社会组织管理中作用机制的理论阐述，实现话语赋能。深入研究和总结社区社会组织管理过程中的功能、影响机制和实践经验，形成集中体现管理过程理性思考的强大话语力量。管理社区社会组

织过程中所形成的多样实践模式，为发展体现中国特色民主治理的话语提供了实际基础。因此，要坚定全过程人民民主的话语体系自信，熟练地叙述中国社会治理的历程并总结其发展成就，彰显全过程人民民主在社会治理实践中对全球民主治理的积极影响。通过系统地解析全过程人民民主的理论内涵、历史发展和前进路径，揭示其赋能管理社区社会组织无可比拟的优势，充分展示中国推进社会治理现代化的价值哲学和独有魅力，从而更好地推动社会主义现代化强国的建设。

第二节　完善政府管理机制

在社区社会组织的管理中，政府的作用至关重要。要进一步优化这一机制，必须从多个层面进行系统性的改进。首先，完善政府管理机制是确保社区社会组织高效运作的基础。规范化的管理程序可以使政府在管理过程中更加有序、透明，从而减少不必要的繁杂手续，提高工作效率。同时，建立科学的监督和评估机制，能够为管理过程提供数据支持和反馈，使得政府能够及时发现和解决问题，确保社区社会组织的健康发展。此外，提升管理人员的专业性，也是政府有效管理社区社会组织的关键。通过加强培训和专业知识的普及，管理人员能够更好地理解和应对社区社会组织面临的各种挑战，最终推动社区治理水平的整体提升。

一、管理程序规范化

首先，政府应坚持以行政指导为主，强化执法监督，进一步加大对社区社会组织的行政执法监督力度。通过规范年检程序，逐步完善社区社会组织的注销登记和撤销登记管理工作，重点核查超过两年未参加年检的社区社会组织，并依法做好相关的清理工作。对于那些经常不参加年检、不积极开展社区服务活动，或者存在违纪前科的社区社会组织，政府应依法依规进行处理，确保这些组织的运作符合法律法规的要求，营造合法合规、成立与运作规范的社区社会组织良性发展环境。

其次，政府应重视对社区社会组织的评估工作，进一步加强对其分类和等级的管理。在评估过程中，政府应全面考虑社区社会组织在承接政府转移职能、承担公共服务项目、参与政府购买服务、享受政府政策优惠以及资源配置等方面的表现和影响。通过这一科学合理的评估机制，能够提升社区社会组织的自我管理和自我完善能力，使其在公共服务和社区治理中发挥更大的作用。

最后，政府应进一步优化和细化年检流程，通过建立健全年检制度，确保所有社区社会组织都能够参与其中，接受全面的审查和评估。对于不符合规范的组织，应及时采取相应措施，包括限期整改、暂停活动资格或依法注销登记等，以保障社区社会组织的整体质量和服务水平。

通过管理程序的规范化，社区社会组织在政府的引导下，可以不断提升自我管理和自我完善的能力。在社会监督的参与下，这种规范化管理程序还将进一步提高社区社会组织的透明度和社会公信力。透明的管理流程使得社区居民和其他利益相关者能够更清晰地了解社区社会组织的运作状况，增强公众对其信任与支持，促进社区社会组织的持续健康发展。

二、建立科学的监督和评估机制

在优化社区社会组织管理的过程中，建立科学有效的监督和评估机制是至关重要的举措。以往在莫愁湖街道开展的服务项目中，存在政府监督不够到位及项目评估不够科学的问题。例如，政府对社会工作者的监督目前主要侧重于项目结束后的评估阶段，尚需进一步加强项目进行过程中的实时监督。各社区的居委会领导虽然作为政府的代表承担了对社区社会组织的监督职能，但由于这项工作在实际操作中并非其核心职责，监督的全面性和深度仍有拓展空间。这种情况容易导致社区社会组织服务质量的参差不齐，影响社区治理的整体效果。

在评估方面，过去的做法主要依赖于第三方专业评估团队，这些团队受政府委托，依据项目计划书，通过完成任务量、服务过程、活动记录等书面材料进行中期和末期评估。然而，单纯依赖事后评估的方式难以全面掌握服务过程中存在的问题与不足。因此，政府部门在监督和评估中需更加主动，确保对服务过程中的问题进行及时有效的识别与解决，扩大监督的覆盖面，及时指出并纠正不符合项目初衷的做法，进一步完善服务项目监督机制，减少由于监督不到位而导致的服务偏差。

为解决监督不到位的问题，政府应着力加强对社区居委会监督职能的规范和指导，建立常态化的监督机制，确保监督工作的连续性和有效性。同时，社区社会组织和社会工作者需增强对合同法律效力的重视，理解其在履行服务合同中的权利和义务。政府部门则需加大对违反合同规定的社区社会组织的监管力度，依法对不履行合同义务的行为采取适当措施，以维护社区服务的公正和有序。此外，为促进社区社会组织的规范化发展，建议建立社区社会组织的评估档案册，将其作为社区社会组织今后能否继续承接社会服务的重要参考依据。档案册可记录组织在各类服务项目中的表现、诚信度、专业能力等方面的详细信息，作为后续服务项目评估的基础性材料，确保高质量的社区社会组织能够在社会治理中获得更多机会。

通过建立全面、科学的监督和评估机制，可以确保政府对社区社会组织的管理更加透明、规范和高效。政府需在项目全过程中进行持续的监督与指导，确保服务的过程和结果能够符合项目设定的目标和质量要求。同时，加强社区社会组织对合同义务的认知和履行，确保其在提供社区服务过程中的合法性和规范性。通过完善监督和评估机制，既能提升社区社会组织的服务能力和水平，也能提高社区居民对社会服务的满意度和信任感，从而推动社区治理的持续改进和创新发展。

三、提升管理人员的专业素质

在优化社区社会组织管理机制的过程中，提升管理人员的专业素质是关键所在。为此，政府应通过多种渠道引进具备专业能力的社区社会组织管理人才，并制定科学合理的用人标准。建立公开、透明、公正的选聘与晋升机制，确保在招聘和选拔过程中始终坚持择优录用的原则。同时，对于未能通过专业能力和业务考核的人员，应当实施合理的调配和处理措施，优化人员结构，确保管理队伍的整体素质和能力不断提升。

在选择社区社会组织管理人员时，重点应放在考察其在社会工作和社区管理方面的专业能力及相关经验。具体而言，需评估应聘者是否接受过系统的社会工作或社区工作专业培训，是否拥有在相关领域的实际管理经验，以及其对社区社会组织管理工作的理解和适应能力。通过科学的能力确认和综合考察，确保录用人员能够真正胜任社区社会组织管理的相关工作，推动社区治理水平不断提升。

为了确保社区社会组织管理队伍的高质量和高效能，应最大限度地提高具备专业资质和丰富经验的管理人员在队伍中的比例，形成一支专业化程度高、素质优良的管理团队。这不仅有助于充分发挥专业人才的优势，提升社区社会组织的管理水平，还能通过他们的示范和指导作用，带动和提高其他非专业管理人员的专业化水平，促进管理队伍整体素质的提升。与此同时，政府应注重建立健全培训和再教育机制，对现有社区社会组织管理人员进行定期的专业培训和能力提升活动。通过持续的教育和培训，帮助他们更好地掌握现代社区治理的理论与实践技能，提高其应对复杂社会问题的能力和管理水平。此外，还应探索多样化的激励机制，对表现优秀的管理人员予以表彰和奖励，激发其工作积极性和创新精神，形成良性竞争的氛围，推动整体管理水平不断提高。

在社区社会组织管理过程中，专业化程度的高低直接影响到社区服务的质量和治理的成效。通过引入高素质的专业人才和建立科学合理的管理机制，能够确保社区社会组织管理工作更加规范化、专业化，为社区治理现代化提供强有力的支撑。同时，这一举措也有助于构建公开透明、公正合理的社区治理环境，提升社区居民的参与度和满意度，促进社区的和谐稳定发展。

第三节　提升社区社会组织的管理能力与服务能力

在优化社区社会组织管理机制的过程中，提升其自身的管理能力与服务水平是实现有效社区治理的重要举措。社区社会组织作为连接居民与政府之间的桥梁，其管理与服务能力直接影响着社区治理的成效。因此，增强其管理和服务能力，需要从内部沟通、项目规划以及资源整合三方面入手。通过加强内部和外部的沟通协调，创造更有利的工作环境，能够促进信息的畅通与意见的交流，为组织的高效运行奠定基础。同时，制定科学、合理的项目任务计划，明确各项工作的目标和步骤，有助于社区社会组织在实际运作中更具针对性和可操作性。此外，通过有效链接和整合外部资源，提升组织的服务能力和影响力，能够更好地回应社区居民的多样化需求。综合这些措施，将有助于全面提升社区社会组织的管理效能和服务水平，推动社区治理的深入发展。

一、加强沟通，创造条件

要提升社区社会组织的管理和服务能力，必须首先建立有效的沟通机制，以确保各方协调顺畅、信息互通，从而更好地应对运行中遇到的各类挑战。

一是建立定期反馈机制，及时反映问题。社区社会组织应与管理人员保持密切互动，定期就服务开展过程中出现的困难和问题进行反馈。例如，当前社区社会组织常遇到的活动经费不足、项目评估不合理等问题，必须通过定期反馈来获取政府及相关部门的关注和支持。这种反馈机制有助于将具体问题提上议程，推动各方共同探讨科学合理的解决方案。

二是加强社联会的支持和协调作用。社联会作为社区社会组织和政府之间的桥梁，应充分发挥其协调和支持作用。它应对各类不合理情况进行深入调研与分析，将各社区社会组织面临的具体问题系统整理后，向上级政府部门及时反映。通过这种有针对性的沟通，可以争取更有力的政策支持和资源支持，确保社区社会组织能够获得必要的支持，维持其健康运转和持续发展。

三是利用政府和社联会平台，提升组织知名度和影响力。社区社会组织应积极利用政府和社联会平台，加强自身的宣传推广。通过开展多样化的宣传活动，如举办社区服务展示、发布工作成果报告、参与公共论坛等，社区社会组织可以显著提升自身在社会服务领域的知名度和影响力。这种做法不仅有助于扩大社会服务的辐射面，也为未来的服务拓展奠定了扎实的群众基础。

四是建立内部沟通协调机制，增强管理和服务能力。社区社会组织还需注重内部的沟通和协调，通过定期召开内部会议和专题讨论，总结服务经验，发现问题并制定相应的改进措施。这样的内部机制有助于提升组织的决策效率和服务质量，确保各项工作有序推进。同时，社区社会组织应注重团队建设，通过定期的培训和学习活动，提升工作人员的专业能力和服务水平。

二、制定科学、合理的项目任务计划

在提升社区社会组织的管理能力和服务效能的过程中，科学合理的项目任务计划制定显得尤为重要。当前，社区社会组织在开展服务活动或项目时，普遍采取"一项目一负责人"的模式，导致组织内部工作人员的工作负荷较重。每一位负责人不仅要独立完成各自的量化指标，还需兼顾项目的各项事务性工作。这种模式不仅使工作效率低下，还可能在长期内导致工作人员出现职业倦怠，严重影响社区社会组织的整体服务能力和管理水平的提升。为了有效应对这一问题，社区社会组织在评估项目效果时，必须避免将任务量作为唯一的进度和绩效衡量标准。虽然量化指标在某种程度上可以反映工作进展和成果，但它们无法全面体现服务开展过程中的复杂性和实际成效。因此，在项目任务计划的制定过程中，需要将服务的难度、内容以及具体的人力配置等因素纳入考量范畴，形成更加全面和科学的项目评估体系。

首先，优化任务分配，提升工作效率。社区社会组织应重新审视和优化现有的任务分配模式，通过科学的分工和协作，避免单一负责制带来的工作压力集中和效率低下问题。建议引入"团队合作"的工作模式，将项目任务合理拆分并分配给多名具备相应能力的工作人员，确保每一项工作均有专人负责并协调推进。通过这种方式，不仅可以减轻单个工作人员的工作负担，还能提高整体工作效率，促进团队成员之间的合作与沟通，形成更加协同的工作氛围。

其次，建立多维度的项目评估体系。在衡量项目效果时，应超越传统的量化指标，制定包括任务完成度、服务质量、群众满意度以及创新性等在内的多维度评估标准。通过更加综合的评估体系，全面反映项目实施过程中的实际成效和社会影响力。同时，还应根据项目的具体情况，考虑服务难度和人事架构的合理性，确保评估结果更加公正客观，进一步提升社区社会组织在管理和服务中的公信力和影响力。

再次，重视人力资源配置和支持体系的建设。社区社会组织应积极完善人力资源管理，合理配置各类专业人才，并为其提供必要的培训和发展机会，提高组织内部的专业能力和服务水平。针对不同项目的特点和需求，组织应灵活调整人力资源配置，避免因人手不足或专业不匹配而影响项目的顺利开展。同时，建立有效的激励机制，鼓励工作人员不断提升自身的专业素养和工作热情，减少职业倦怠现象的发生。

最后，注重员工的身心健康和职业发展规划。社区社会组织应关注工作人员的职业健康，通过定期心理疏导和职业规划指导，帮助其保持工作积极性和创新精神。定期举办内部培训和交流活动，促进经验分享和专业技能的提升，为员工创造更为舒适的工作环境，使其能够在服务社区的过程中获得更多成就感和归属感。

通过制定科学合理的项目任务计划（包括优化任务分配模式、建立多维度的项目评估体系、完善人力资源配置和支持体系，以及关注员工职业健康），社区社会组织能够更有效地提升其管理和服务能力，确保其在社会治理和提供公共服务过程中的持续创新和进步，为社区的和谐与可持续发展提供坚实保障。

三、链接资源、提高服务能力

从一个服务项目结束到下一个项目招标并开始实施之前，通常存在一定的间隔期。在此期间，相应的经费和资源支持中断，甚至可能影响到支付社区社会组织工作人员的劳务费用，给组织的持续运作和人员稳定性带来较大挑战。如何有效改善这一现状，是提升社区社会组织管理能力与服务能力的关键课题。

首先，社区社会组织需加强自身能力建设，摆脱对单一服务内容和机制的依赖，拓宽经济支持渠道，以确保其可持续运作。社区社会组织不应局限于依靠政府拨款或单一项目的资助，而应积极寻求多元化的资金来源和资源支持。例如，可以通过与企业合作、社会募资、公益基金申请等方式，增加资金渠道，增强经济自主性。此外，组织还应加强与社会各界的联络和合作，积极构建资源共享平台，探索多种形式的合作伙伴关系，增强自身抗风险能力和长期发展韧性。

其次，社区社会组织应注重资源链接能力的培养和提升，确保组织在任何情况下都能获得稳定的资源支持。社区社会组织应主动建立与政府、企业、社会组织、基金会等多方的合作机制，形成稳定的资源共享和支持网络。通过资源整合和优势互补，最大化利用各方资源，提高服务质量，扩大覆盖范围，增强组织的影响力和公信力。这种多层次、多渠道的资源链接不仅能够有效应对资金短缺和支持中断的问题，还可以为社区社会组织的持续发展提供有力保障。与此同时，社区社会组织需不断完善内部管理机制，加强资金使用的规范化和透明化。通过建立健全财务管理制度，确保每一笔资金都得到合理有效的利用，避免资源浪费和管理不善。此外，社区社会组织还应注重提高项目管理能力，通过合理的规划和科学的执行，最大化地发挥有限资源的作用，提高服务质量和效果，增强组织的核心竞争力。

最后，为推动社区社会组织的可持续发展，应加强自身的宣传与推广。通过积极展示组织在服务社区中的成果和贡献，提升组织的社会知名度和美誉度，争取更多的社会支持和资源投入。同时，社区社会组织应善于总结服务经验和创新做法，将成功案例转化为知识资产，为未来的服务拓展和能力提升提供持续动力。更为重要的是，社区社会组织应始终关注工作人员的利益保障和职业发展，避免因项目中断而导致人才流失和队伍不稳。只有在社区社会组织能够确保稳定运作并提供合理的待遇和发展机会的前提下，才能更好地吸引和留住社会工作专业人才，形成一支稳定的专业化服务团队。因此，社区社会组织应积极探索多元化的薪酬体系和激励机制，为工作人员提供更多的职业发展机会和更大的成长空间，提高其归属感和工作积极性。

通过加强自身能力建设、拓宽资源获取渠道、优化内部管理机制、保障工作人员利益和强化组织宣传，社区社会组织能够有效提升其管理能力和服务水平，实现可持续发展目标，最终更好地服务于社区居民，助力推进社区治理的现代化进程。

第四节　社联会推动社区社会组织的参与、竞争与合作

在优化社区社会组织管理机制的过程中，社联会作为社区社会组织之间的重要桥梁和协调平台，起着至关重要的作用。通过推动各类社区社会组织的参与、竞争与合作，社联会能够有效促进社区治理的协同发展。首先，推动社区居委会的参与合作，不仅有助于增强居委会在社区治理中的代表性和权威性，还能够借助其与居民的密切联系，为其他社区社会组织提供支持和指导。其次，通过促进各社区社会组织之间的竞争与合作，社联会可以推动组织之间的良性互动，使其在提升服务质量和创新能力的过程中不断进步和成长。此外，社联会自身的自我建设同样不可忽视。通过加强组织内部的制度建设、能力提升和资源整合，社联会能够更好地发挥其协调与推动作用，形成社区治理的合力，进一步推动社区社会组织的健康发展和社区治理水平的全面提升。

一、推动社区居委会的参与合作

社区社会组织在实际运作中，依然需要依靠社区居委会在行政管理层面上的支持与配合。因此，社联会与社区居委会在管理和支持社区社会组织的过程中，存在广泛的合作基础，双方有必要建立起紧密的协作机制，以实现管理效能联会的成立和运行，旨在对社区社会组织进行更为专业化和系统化的管理，确保社区治理的最优化和资源配置的最优化。

首先，社联会和社区居委会应明确各自的职责和分工，建立起高效协作的工作模式。社联会作为专业化的管理机构，应重点发挥其在规划设计、项目评估、资源整合等方面的优势，通过专业指导和统筹协调，提升社区社会组织的运作水平。而社区居委会则应充分发挥其在基层行政管理中的主导作用，积极支持社联会的工作，提供必要的场地、设备以及人力资源支持，确保各类社区活动顺利开展。通过这种分工明确、优势互补的合作机制，社联会和社区居委会能够在各自

领域内形成合力，共同推动社区社会组织的持续健康发展。

其次，社联会和社区居委会应进一步加强沟通与交流，建立常态化的协调机制，确保信息的畅通与决策的科学化。社联会在开展各类社区活动时，需要社区居委会的全力配合，如提供活动场地、设备等硬件支持，以及协调参与者的组织和动员工作。同时，社联会应主动与社区居委会的主要领导和工作人员进行沟通，确保其对社联会工作内容和方向的充分理解和认同，进而获得更加有力的支持和资源倾斜。通过这种开放的沟通机制，双方可以在工作中实现信息共享、目标共识、策略协同，从而拓展合作的深度和广度。

最后，社联会应积极推动社区居委会的广泛参与，通过竞争和合作激发社区活力。社联会可以鼓励社区居委会参与到社联会的决策和活动规划中来，发挥社区居委会在社区日常事务中的经验和资源优势，为社区社会组织的发展提供更多实质性支持。同时，社联会可以设计和推广一些社区合作竞赛和评比活动，通过一定的激励措施和政策扶持，鼓励社区居委会和社区社会组织之间开展良性竞争与合作，不断提升社区社会组织的服务能力和创新能力。

社联会和社区居委会应共同致力于营造一个开放、包容和协作的社区治理环境。社联会应尊重和支持社区居委会在社区治理中的地位和作用，同时，社区居委会也应积极支持社联会在专业管理和统筹协调方面的探索和创新。通过相互尊重、相互支持的合作模式，双方能够建立起更为紧密的伙伴关系，共同提升社区治理的整体水平。

二、促进各社区社会组织的竞争与合作

在当前政府购买社会工作服务的模式下，提升社区社会组织的整体竞争力、确保居民获得优质服务是政府的主要目标。近年来，莫愁湖街道重视社区社会组织的成长，社区社会组织数量已由几十家增至上百家。然而，政府购买社会工作服务的规模仍相对有限，大部分社区社会组织的服务活动对政府采购存在较高依赖，这导致了部分组织为争夺有限资源而产生不良竞争，不利于整体社会服务的优化。为应对这种情况，社联会应发挥关键作用，引导社区社会组织走向健康、

有序的发展轨道。

首先，社联会应承担起"守夜人"的角色，通过规范化管理，推动社区社会组织树立专业精神和长期发展的意识。社联会应鼓励各组织准确定位自身优势，专注于自身核心能力的建设与提升，而不是单纯依赖于政府采购项目。在竞争过程中，要提倡透明、公正的竞争规则，确保各社区社会组织在合理竞争中提升自我。

其次，社联会应加强促进各社区社会组织之间的协作与资源整合。面对有限的政府采购支持，社联会可以推动社区社会组织之间建立多层次的合作机制，例如，联合开发社区服务项目、共享信息资源、协调资源配置等，以最大限度地发挥各自优势，提升服务效能和整体发展水平。这种合作模式不仅能减少不良竞争，还能形成更为紧密的合作网络，为社区服务注入更大的活力和创新动能。

再次，社联会应积极提供培训和能力建设支持，帮助社区社会组织在专业服务领域实现深耕细作。可以通过定期举办专题研讨会、培训课程、专家讲座等形式，促进组织间的经验交流与能力提升，使各社区社会组织能够不断适应新的需求和挑战，增强服务的专业性和针对性。同时，社联会还应协助社区社会组织拓宽资金来源渠道，探索多样化的筹资方式，减少对单一政府采购的依赖，确保组织的可持续发展。

最后，社联会要积极倡导以服务质量为导向的竞争理念。通过建立服务评估和反馈机制，及时发现和纠正不合规行为，确保服务水平不断提升。社联会应以引导社区社会组织提高服务专业性和有效性为出发点，推进其在市场化条件下的稳健发展，从而提升社区居民的整体满意度和幸福感。

三、加强社联会自我建设

一是社联会应充分发挥其专业优势，创造有利的管理环境。作为推动社区社会组织发展的核心平台，社联会的有效运作依赖于社会工作者的深度参与和多方协作。在实际工作中，社联会需要与街道综合服务中心、社区居委会、企业和高校、社区社会组织及社区居民等多个主体建立紧密的合作关系。社联会工作的顺利开展，离不开这些多元主体的支持和参与。因此，社联会应积极营造有利于合作的管理环境，努力挖掘各个社区可供利用的社会资源，充分调动社会力量参与到服务项目中来，形成资源互补、优势叠加的良性互动局面。通过整合多方资源，社联会能够为社区社会组织的管理和发展提供强有力的支持，营造出一个开放、包容、高效的治理氛围。

二是社联会应不断更新管理理念，加强专业知识与技能的学习和提升。社联会的成立和运作为社会工作者提供了宝贵的实践平台，社联会的成员应充分利用这一平台，注重从具体的运行过程中积累管理社区社会组织的宝贵经验。项目团队应对所开展的各类服务活动进行系统性复盘和总结，反思和改进管理实践中的不足。同时，社区社会组织的管理依然需要社会工作专业理论的指导，这就要求社联会团队不断深化对社会工作专业理论的学习，尤其是对新的社会治理理念、社区参与模式以及现代管理方法的理解和掌握。

三是社联会不仅需要具备扎实的专业管理知识，还应重视这些知识在实际工作中的转化和应用。管理者需根据社区和社区社会组织的实际情况，全面评估和了解社区居民的服务需求，设计更加贴近实际的服务项目，完善管理策略。通过理论与实践的结合，社联会能够更准确地把握社区社会组织的发展方向，提高其应对复杂社会治理问题的能力和水平。

四是社联会应积极吸纳和借鉴各地优秀的社区治理经验和模式，推动社区社会组织的创新发展。定期举办经验分享会、专业培训和交流活动，邀请来自各领域的专家学者提供专业指导和咨询，帮助团队不断提升专业素养和服务能力。此外，社联会应建立完善的内部评估和反馈机制，通过多方视角分析和评估工作效果，持续优化管理策略和工作流程，形成科学、高效的管理体系。

五是社联会应加强团队建设，提升成员的综合素质和专业能力。团队成员应具备较强的协调能力、组织能力和沟通能力，能够有效应对不同主体之间的利益协调和关系处理，推动社联会工作向更深层次和更大范围方向发展。同时，还应建立激励机制，鼓励团队成员在日常工作中保持高度的职业敏感性和创新精神，为社区社会组织管理不断注入新的活力和动力。

社联会在推动社区社会组织发展的过程中，应当充分发挥其在专业管理和资源整合方面的核心作用。通过强化自身建设、拓展创新思维、持续丰富与提升专业知识和实践能力，社联会能够更有效地协调多元主体的合作，构建一个开放、协同、高效的社区治理格局。同时，社联会应致力于形成规范化、科学化的管理体系，为社区社会组织的可持续发展提供坚实保障。唯有如此，社联会才能在新时代的社会治理体系中充分彰显其桥梁与纽带作用，推动社区社会组织走向更加规范化、专业化、多元化的发展道路，为建设和谐、有序、共治、共享的社区奠定坚实的基础。

附　录

--- ❦ ---

一、社区居民满意度调查问卷

尊敬的社区居民：

您好！我们是莫愁湖街道社区社会组织联合会的工作人员，出于课题研究的需要，现需要对本社区参加活动的社区居民开展问卷调查，了解一下您的基本情况以及对社区活动的看法。我们本次调研不会泄露您的个人信息。衷心希望获得您的理解和积极配合！

莫愁湖街道社区社会组织联合会

1. 您的性别是（　　）。

A. 男　　　　　　　　B. 女

2. 您的年龄是（　　）。

A. 50 岁以下　　　　B. 50～65 岁　　　　C. 65 岁以上

3. 您的文化水平是（　　）。

A. 没上过学　　　　B. 高中及以下　　　C. 大专　　　　　　D. 本科及以上

4. 您参加社区活动的次数是（   ）。

A.0 次   B.5 次以下   C.5 次及以上

5. 您接受社区服务的次数是（   ）。

A.0 次   B.5 次以下   C.5 次及以上

6. 您对所参加活动的内容满意程度是（   ）。

A. 非常满意   B. 比较满意   C. 一般满意   D. 不满意

7. 您对所参加活动的形式满意程度是（   ）。

A. 非常满意   B. 比较满意   C. 一般满意   D. 不满意

8. 您对所参加活动的时间安排满意程度是（   ）。

A. 非常满意   B. 比较满意   C. 一般满意   D. 不满意

9. 您对所参加活动的组织筹备满意程度是（   ）。

A. 非常满意   B. 比较满意   C. 一般满意   D. 不满意

10.（多选）通过项目组织的服务活动给您的生活带来的变化有（   ）。

A. 提高生活幸福感   B. 扩大社交圈   C. 学习新知识   D. 没什么影响

11. 您对社区以后继续开展此类服务活动的希望程度是（   ）。

A. 非常希望   B. 一般希望   C. 不希望

12. 您以后（   ）参加类似的活动。

A. 会   B. 不会   C. 不确定

13. 您认为哪些地方还需改进？您还有哪些好的建议或意见？

二、社区工作者满意度调查问卷

尊敬的社区居委会工作者：

您好！我们是莫愁湖街道社区社会组织联合会的工作人员，出于课题研究的需要，现需要对社区居委会工作者进行问卷调查，了解一下基本情况以及对社区活动的看法。我们本次调研不会泄露您的个人信息。衷心希望获得您的理解和积极配合！

莫愁湖街道社区社会组织联合会

1. 您的性别是（　　　）。

A. 男　　　　　　　　B. 女

2. 您的年龄是（　　　）。

A. 30 岁以下　　　　B. 30～40 岁　　　C. 40 岁以上

3. 您的文化水平是（　　　）。

A. 高中及以下　　　B. 大专　　　　　C. 本科及以上

4. 您的职位是（　　　）。

5. 您参与组织社区活动的次数是（　　　）。

A. 0 次　　　　　　B. 5 次以下　　　　C. 5 次及以上

6. 您参与提供社区服务的次数是（　　　）。

A. 0 次　　　　　　B. 5 次以下　　　　C. 5 次及以上

7. 您对项目团队开展活动的满意程度是（　　　）。

A. 非常满意　　　　　B. 比较满意　　　　C. 一般满意　　　　D. 不满意

8. 您对项目团队资源链接的满意程度是（　　　）。

A. 非常满意　　　　　B. 比较满意　　　　C. 一般满意　　　　D. 不满意

9. 您对社区走访调研安排的满意程度是（　　　）。

A. 非常满意　　　　　B. 比较满意　　　　C. 一般满意　　　　D. 不满意

10. 您对与项目团队合作沟通的满意程度是（　　　）。

A. 非常满意　　　　　B. 比较满意　　　　C. 一般满意　　　　D. 不满意

11. （多选）通过项目组织的服务活动给社区带来的变化有（　　　）。

A. 社区活动多元化　B. 促进居民的交流　C. 提升社区影响力　D. 没有什么改变

12. 您对社区以后继续开展此类服务活动的希望程度是（　　　）。

A. 非常希望　　　　　B. 一般希望　　　　C. 不希望

13. 您以后（　　　）参加类似的活动。

A. 会　　　　　　　　B. 不会　　　　　　C. 不确定

14. 您认为哪些地方还需改进？您还有哪些好的建议或意见？

三、社区社会组织满意度调查问卷

尊敬的社区社会组织工作人员：

您好！我们是莫愁湖街道社区社会组织联合会的工作人员，出于课题研究的需要，现需要对社区社会组织工作人员开展问卷调查，了解一下您的基本情况以及对社区活动的看法。我们本次调研不会泄露您的个人信息。衷心希望获得您的理解和积极配合！

莫愁湖街道社区社会组织联合会

1. 您的性别是（　　）。

A. 男　　　　　　　B. 女

2. 您的年龄是（　　）。

A. 30 岁以下　　　B. 30 ～ 40 岁　　　C. 40 岁以上

3. 您的文化水平是（　　）。

A. 高中及以下　　　B. 大专　　　C. 本科及以上

4. 您在社区社会组织工作的时间长度是（　　）。

A. 2 个月～ 1 年以内　B. 1 ～ 3 年　　　C. 3 ～ 5 年　　　D. 5 年以上

5. 您（　　）社区或者社区社会组织举办的活动。

A. 参加过　　　　　B. 没参加过

6. 您对社联会开展的咨询和培训活动的满意程度是（　　）。

A. 非常满意　　　B. 比较满意　　　C. 一般满意　　　D. 不满意

7. 您对社联会开展的培育与支持服务的满意程度是（　　）。

A. 非常满意　　　B. 比较满意　　　C. 一般满意　　　D. 不满意

8. 您对社联会项目链接的满意程度是（　　　）。

A. 非常满意　　　　B. 比较满意　　　C. 一般满意　　　D. 不满意

9. 您对和社联会的沟通与合作的满意程度是（　　　）。

A. 非常满意　　　　B. 比较满意　　　C. 一般满意　　　D. 不满意

10.（多选）通过项目组织的服务活动给社区社会组织带来的变化有（　　　）。

A. 提高服务能力　　B. 促进居民的交流　　C. 提升组织的社会影响力

D. 没有什么改变　　E. 其他（请说明）：＿＿＿＿＿＿＿＿＿＿＿＿＿。

11. 您对社区以后继续开展此类服务活动的希望程度是（　　　）。

A. 很希望　　　　　B. 一般希望　　　C. 不希望

12. 您以后（　　　）参加类似的活动。

A. 会　　　　　　　B. 不会　　　　　C. 不确定

13. 您认为哪些地方还需改进？您还有哪些好的建议或意见？

四、项目团队满意度自评问卷

尊敬的项目团队成员：

　　您好！出于研究的需要，现需要对本次项目成员开展问卷调查，了解一下您的基本情况。我们本次调研不会泄露您的个人信息。衷心希望获得您的理解和积极配合！

莫愁湖街道社区社会组织联合会

1. 您从事社会工作的时间是（　　　）。

A. 不满1年　　　　　B.1～3年　　　　　C.3～5年　　　　　D.5年以上

2. 您（　　　）类似的项目。

A. 参加过　　　　　B. 没参加过

3. 您对项目团队开展的活动的满意程度是（　　　）。

A. 非常满意　　　　B. 比较满意　　　　C. 一般满意　　　　D. 不满意

4. 您对在项目开展中自己表现的满意程度是（　　　）。

A. 非常满意　　　　B. 比较满意　　　　C. 一般满意　　　　D. 不满意

5. 此项目对您的专业能力（　　　）提升作用。

A. 有　　　　　　　B. 没有

6. 您以后（　　　）参加类似的活动。

A. 会　　　　　　　B. 不会　　　　　　C. 不确定

7. 您认为哪些地方还需改进？您还有哪些好的建议或意见？

五、访谈对象基本情况表

访谈对象	年龄	性别
街道社区建设与社会保障科科长	45	男
文体社区党委书记	39	女

访谈对象	年龄	性别
明园社区党委书记	40	女
沿河社区居委会主任	44	女
凤栖苑社区居委会主任	40	女
兆园社区党委书记	45	男
北圩路社区党委书记	43	男
便民服务中心副主任	43	男
艺苑社区雨花乐屹公益服务中心负责人	38	女
悦华茶亭为老服务中心负责人	32	男
凤栖苑社区南京市建邺区凤栖苑残疾人之家负责人	41	男
兆园社区南京市建邺区九如城莲花南苑居家养老服务中心负责人	38	男
蓓蕾社区南京扬子文化交流服务中心负责人	40	男
江东门社区"幸福好家庭"倡导站负责人	37	女
北圩路社区南京市惠仁社会工作服务中心负责人	34	男

参考文献

[1] 贾志科,罗志华.新时代社会组织治理：面临的问题与路径选择 [J].学术交流,2020(3)：134-143.

[2] 李昌禹.全国社区社会组织超过 175 万家 [N].人民日报,2023-07-17（4）.

[3] 高丙中.社会团体的合法性问题 [J].中国社会科学,2000（2）：100-109,207.

[4] 刘春湘,邱松伟,陈业勤.社会组织参与社区公共服务的现实困境与策略选择 [J].中州学刊,2011（2）：106-110.

[5] 蔡禾.从统治到治理：中国城市化过程中的大城市社会管理 [J].公共行政评论,2012(6)：33-35.

[6] 陈洪涛,王名.社会组织在建设城市社区服务体系中的作用：基于居民参与型社区社会组织的视角 [J].行政论坛,2009（1）：34-36.

[7] 陈华,郝继明,等.社会组织参与社会管理和服务研究：南京的探索和实践 [J].中共南京市委党校学报,2012（5）：55.

[8] 陈伟东.社区自治：自组织网络与制度设置 [M].北京：中国社会科学出版社,2004.

[9] 崔玉开."枢纽型"社会组织：背景、概念与意义 [J].甘肃理论学刊,2010（5）：23-27.

[10] 高红,宫雪.AGIL 框架下社区社会组织的功能系统与提升路径 [J].南京师大学报（社会科学版）,2018（3）：25-31.

[11] 高勇.治理主体的改变与治理方式的改进："枢纽型"社会组织工作体系的内在逻辑 [J].北京社会科学,2013（2）：10-13.

[12] 胡仙芝 . 自由、法治、经济杠杆：社会组织管理框架和思路：来自法国非营利社团组织法的启示 [J]. 国家行政学院学报，2008（4）：96.

[13] 焦若水，陈文江 . 社区社会组织：社会建设的微观主体 [J]. 科学社会主义，2015（1）：86–90.

[14] 李静 . 网络治理：政治价值与现实困境 [J]. 理论导刊，2013（7）：52–54.

[15] 李友梅 . 社区治理：公民社会的微观基础 [J]. 社会，2007（2）：159–169.

[16] 吴素雄，郑卫荣，杨华 . 社区社会组织的培育主体选择：基于公共服务供给二次分工中居委会的局限性视角 [J]. 管理世界，2012（6）：18.

[17] 龙宁丽 . 国外社会组织管理体制的做法和经验 [J]. 社团管理研究，2011（7）：15.

[18] 卢建 . 浅析北京市社区社会组织现状及有关发展对策与建议 [J]. 社团管理研究，2011（11）：8–11.

[19] 彭兵 . 合法性、策略和组织局限：国外社区组织的生发逻辑 [J]. 浙江社会科学，2015(4)：63–68.

[20] 彭善民 . 枢纽型社会组织建设与社会自主管理创新 [J]. 江苏行政学院学报，2012（1）：64–67.

[21] 齐海丽 . 政府购买社会组织公共服务的英国经验及启示 [J]. 学会，2018（5）：20–26.

[22] 萨瓦斯 . 民营化与公私部门的伙伴关系 [M]. 周志忍，等译 . 北京：中国人民大学出版社，2002.

[23] 夏建中，等 . 社区社会组织发展模式研究：中国与全球经验分析 [M]. 北京：中国社会出版社，2011.

[24] 石晓天 . 我国枢纽型社会组织的功能特征、建设现状及发展趋势：文献综述的视角 [J]. 理论导刊，2015（5）：85–88.

[25] 斯蒂芬·戈德史密斯，威廉·埃格斯 . 网络化治理：公共部门的新形态 [M]. 北京：北京大学出版社，2008.

[26] 孙燕 . 浅析西方社会组织发展的主要特点和管理经验 [J]. 学会，2012（3）：20–22.

[27] 汤丹阳，丁凯 . 社会建设与社会进步的组织基础：关于枢纽型社会组织建设的对话 [J]. 中国机构改革与管理，2013（6）：47–52.

[28] 王楠 . 政府对社会组织管理问题与对策研究 [D]. 天津：天津财经大学，2016.

[29] 翁士洪 . 政府向社会组织购买公共服务的监管机制研究 [J]. 北京航空航天大学学报（社会科学版），2017（4）：23–32.

[30] 吴成峡，张彩云 . 社区治理主体的角色认知与功能再造 [J]. 江汉论坛，2018（7）：118–123.

[31] 吴瑞坚 . 网络化治理视角下的协调机制研究：以广佛同城化为例 [J]. 城市发展研究，2014（1）：108–113.

[32] 许燕 . 中西方社会组织存在的客观背景比较分析：兼论我国社会组织行政化的历史渊源 [J]. 法制与社会，2013（4）：151–152.

[33] 杨继龙 . 资源输入视角下社区社会组织培育机制研究：以 N 市 H 区为例 [J]. 社会科学家，2016（7）：156–160.

[34] 姚迈新 . 资源相互依赖理论视角下的社区社会组织发展：以广州为例 [J]. 岭南学刊，2012（5）：29–35.

[35] 张洪武 . 在治理失效与社区善治之间 [J]. 长春市委党校学报，2009（4）：56–68.

[36] 张云熙 . 社区社会组织研究综述 [J]. 社科纵横，2015（4）：95–98.

[37] 周红云 . 中国社会组织管理体制改革：基于治理与善治的视角 [J]. 马克思主义与现实，2010（5）：113–121.

[38]Brown L D，Kalegaonkar A. Support Organization and the Evolution of the NGO Sector[J]. Nonprofit and Voluntary Sector Quarterly，2002（31）：239–245.

[39]Carroll T F .Intermediary NGOs:The Supporting Link in Grassroots Development[M]. Kumarian Press，1992：9.

[40]Berdej S M，Armitage D R.Bridging Organizations Drive Effective Governance Outcomes for Conservation of Indonesia's Marine Systems[J].Plos One，2016（7）：2.

[41]Rafael A B M. Grassroots Support Organizations and Transformative Practices[J].Journal of Community Practice，2008（16）：341.

[42]Castells M. The Rise of the Network Society：Economy，Society and Culture[M]. Assachusetts：Blackwell Publishers Ltd.，1996：245–256.

[43]Bruijin H.Policy analysis and decision making in a network:how to improve the quality of

analysis and the impact on decision making[J].Project Appraisal，2002，20（4）: 232–242.

[44]Parkhe A.Understanding trust in international alliances[J].Journal of World Business， 1998，33（3）: 219–240.

后 记

      在网络化治理视角下的社区社会组织管理机制中，政府依然是社区社会组织管理不可替代的组织者和指挥者；社联会在社区社会组织管理中发挥的作用越来越重要；社会各方配合为社区社会组织的管理提供各类支持，它们的介入可在一定程度上克服政府包揽管理事务的传统弊端，进而提高社区社会组织管理的效率与效益；社联会的各会员单位则是社区社会组织管理主体中的基础细胞，它们的参与使社区社会组织管理机制从被动外推转为内生参与，社区社会组织通过自身的发展分担了政府的责任，这是实现社区社会组织多元主体管理的关键步骤。这意味着随着经济领域和社会领域自组织力量的发展，政府作为公共领域垄断者的管理机制已经发生改变，由以政府为核心的单一社区社会组织管制机制向政府、枢纽型社会组织、社会力量和社区框架下的多元参与管理机制转变。这四个管理主体的功能各有所长：政府的优势体现在对社区社会组织的政策管理、规章制度、保障服务的连续性和稳定性等方面；社联会的优势在于更新、推行成功经验，适应社会治理的发展，能开展复杂的、专业的社会服务；社会力量的优势则在于物质支持。由此可见，社区社会组织管理机制的优化需要充分发挥政府、社联会、社区和社会力量的作用，力求形成政府与社联会、政府与社区、政府与社区社会组织、政府与社区居民之间良好的互动状态。社联会充当在政府与其他管理主体之间协调过渡的角色，使得各方的意愿有表达的机会，社区社会组织的管理工作需要政府、社联会、社区和社会力量的理性参与。

　　笔者在参与社联会项目期间，积极投身于社区服务的实践工作，将自身所学的专业知识和实践技巧应用于莫愁湖街道社区社会组织的管理与建设之中，为推动社区社会组织的规范化和专业化发展贡献了一份力量。然而，笔者深知，成为一名真正专业而合格的社会工作者绝非易事，道阻且长。在未来的职业道路上，笔者将继续不断充实自身，强化对专业知识的掌握和专业实践的积累，力求在社会工作领域精益求精。在撰写本书的过程中，笔者也深刻意识到，本书仍存在一定的局限性。其主要体现在以下三个方面。

　　首先，关于社区服务的复杂性与多样性。本书虽然聚焦于莫愁湖街道社区社会组织的管理，但在具体实施过程中发现，不同的社区社会组织面临的实际问题千差万别，影响社区社会组织发展的因素复杂多样。因此，构建一个能够促进社区社会组织多元主体有效参与管理的机制，需要更多的专业人才的共同努力和智慧。这意味着，当前的研究成果和建议还远未覆盖所有情境，未来的研究应进一步扩展样本范围，深入探讨多元社区背景下的适用策略，以构建更加全面和多层次的社区社会组织管理模式。

　　其次，关于理论基础和领域学习的局限性。当前，关于社区社会组织管理的研究相对匮乏，相关理论和实践指导尚未成熟。在本书的撰写过程中，笔者能够参考和借鉴的成熟理论知识和经验有限，导致在理论深度和广度上有所不足。这种学术空白反映了该领域的研究尚处于起步阶段，亟待更为系统和深入的理论探索与实践总结。未来的研究应更注重整合多学科的理论视角和实践方法，借鉴国内外优秀的社区治理经验，以弥补现有研究的不足，为构建具有中国特色的社区社会组织管理理论体系提供更多的学术支撑。

　　最后，在研究方法方面，本书采用的是质性研究方法，虽然能够深入理解社区社会组织管理中的复杂性与动态性，但在研究的信度和效度方面缺乏量化指标的支撑，可能影响到研究结论的普适性。质性研究方法的局限性在于数据收集和分析的主观性较强，难以通过量化指标进行广泛推广。因此，未来的研究应尝试结合量化研究方法，采用混合研究设计，通过大样本的实证数据分析，增强研究结论的客观性和普适性，进一步提升研究的科学性和可操作性。

本书在推动莫愁湖街道社区社会组织管理机制优化的过程中，虽然取得了一些进展，但也让笔者深刻意识到这项工作的复杂性和挑战性。社区社会组织管理涉及的方方面面不仅跨越了多种理论领域，更需要在具体实践中不断摸索和调整。在研究的过程中，笔者时常感到局限于理论和方法的框架，无法全面应对现实中的复杂问题，这让笔者更加体会到科学研究需要不断探索和创新，也需要更广泛的视野和多元化的思考。

在这一过程中，笔者不断学习和反思，试图在已有理论的基础上，结合实际情况，找到一种适合社区社会组织管理的新思路和新方法。这项研究的每一步推进，都伴随着许多挑战和艰辛。无论是面对海量数据的分析，还是在调研和访谈过程中遇到的沟通难题，都让笔者意识到理论与实践之间的差距远比想象中的大。同时，这种差距也让笔者深刻感受到，社区社会组织的发展和管理并不单纯是一个学术问题，更是一个与人民生活息息相关的现实问题，具有深刻的社会意义。

在此，要特别感谢给予本书支持和帮助的人。首先，要感谢钟瑞添教授、李学斌教授。他们在研究的每一个阶段都给予了宝贵的指导和建议，为研究方向和思路提供了重要的指引。没有他们的耐心指导和支持，笔者很难克服许多研究中的困境。其次，要感谢莫愁湖街道的社区工作人员和居民们。在调研过程中，他们始终热情配合，提供了大量宝贵的一手资料和真实的反馈。他们的坦诚和耐心使笔者能够更深入地理解社区社会组织的实际运作状况和面临的问题，为本书提供了坚实的基础。最后，要感谢家人、伴侣和朋友们。在笔者感到疲惫和困惑的时候，他们的鼓励和支持让笔者重新振作，继续坚持自己的研究道路。他们的理解和包容使笔者能够在面对压力时找到内心的平静与力量。

尽管本书存在许多不足之处，但笔者相信它的价值在于尝试为社区社会组织管理提供一种新的视角和思考方式。笔者希望，这项研究不仅能为理论发展和实践创新贡献一份绵薄之力，还能激励更多的人关注社区社会组织的健康发展，共同为社会的和谐进步而努力。未来，笔者将继续秉持开放的态度和好奇心，不断学习和成长。在这个充满挑战的研究领域中，笔者深知自己还有很长的路要走，但正是这些不易和艰辛，更加坚定了笔者继续探索的信念。笔者将继续努力，为推动社会治理的发展贡献更多的智慧和力量，以此作为对所有支持和鼓励本书的人的回馈。衷心感谢大家的信任和支持，愿我们携手并肩，为美好未来共同奋斗。